重庆与中欧班列沿线国家产学研合作动态及展望

（德国卷）

主　编　余元玲

副主编　雷　洋

西南大学出版社

国家一级出版社　全国百佳图书出版单位

图书在版编目(CIP)数据

重庆与中欧班列沿线国家产学研合作动态及展望.德国卷/余元玲主编.--重庆：西南大学出版社，2024.8.--ISBN 978-7-5697-2669-5

Ⅰ.F752.75

中国国家版本馆CIP数据核字第2024SV1036号

重庆与中欧班列沿线国家产学研合作动态及展望（德国卷）

主　编　余元玲
副主编　雷　洋

责任编辑：李　君
责任校对：文佳馨
装帧设计：㊉起源
排　　版：吴秀琴
出版发行：西南大学出版社
　　　　　地址:重庆市北碚区天生路2号
　　　　　市场营销部电话:023-68868624
　　　　　邮编:400715
印　　刷：重庆正文印务有限公司
成品尺寸：170 mm×240 mm
印　　张：13.5
字　　数：216千字
版　　次：2024年8月　第1版
印　　次：2024年8月　第1次印刷
书　　号：ISBN 978-7-5697-2669-5
定　　价：58.00元

编委会

顾　问	黄承锋　孔田平　林跃勤　曾文革
主　编	余元玲
副主编	雷　洋

编委会成员

余元玲　冯檬莹/Mengying Feng

唐　艋　周　默/Mo Zhou　关海长

杨怡涵　周　雷　许　可　丁　楠

袁圆圆　高毛毛　Laszlo Flamm

邹竞舸　曾文革　王现兵　丛慧芳

曾妮娅　冯颖懿　孙　卓　伏　虎

钱　翔　温　泉

前言

中欧班列作为"一带一路"的旗舰项目和标志性品牌,运行十来年取得了不斐的成绩。从贸易上来说,中国与沿线欧洲国家贸易整体呈现上升发展趋势。德国是中国在欧洲最大的贸易伙伴,中德合作为两国的供应链管理、数字主权、贸易发展、制造业发展与城市更新、能源转型等领域带来了深远影响。本书对此展开了综合分析,并提出了相关的策略和建议,以促进中德合作的进一步发展和互利共赢。

针对供应链管理中的人权和环境保护的问题,德国颁布了《供应链法》,该法在国内外都具有一定的影响。对中国企业而言,该法促使企业积极采取应对措施,并致力于可持续发展和履行社会责任。

在数字主权方面,随着数字主权成为大国博弈的新领地,德国各界在建设和完善德国数字主权上达成了共识,本书在此基础上探讨了这一举措对中国的影响以及中国的应对策略。

在贸易发展领域,中德双边贸易合作领域广泛且经济互补性强,两国在贸易合作上具有很大的发展空间。本书提出了维护两国友好关系、加强人文交流和挖掘贸易潜力等措施,以促进中德双边贸易发展。

在制造业发展方面,德国的"隐形冠军"企业的成功实践为重庆的实体经济和制造业高质量发展提供了借鉴。在城市更新方面,德国城市在实现再城市化的过程中,注重文化遗产保护与文化资本化。文化策略已成为都市更新的核心策略,本书通过分析德国鲁尔区、汉堡市、明斯特市三个代表区域的文化策略及其发展成效,为我国城市更新提供了借鉴经验。

在能源转型方面,本书研究了自欧洲地缘冲突后,欧盟能源转型的挑战与经验,以及中国可以从中借鉴哪些经验来完善相关制度,以确保国家的经济和能源安全。

此外,本书还综合分析了德国在铁路可达性、中欧班列与物流发展、能源转型等领域的政策和实践经验,并探讨了这些经验对重庆城市发展的启示和借鉴意义。本书还分析了铁路可达性对德国城市发展的影响,以及"一带一路"影响下的德国物流发展。十年来,中欧班列连点成线、织线成网,有力保障了国际产业链、供应链的稳定,为世界经济发展注入了新动力,已成为共建"一带一路"的旗舰项目和标志性品牌,影响着沿线欧洲国家的方方面面。对中国与德国的进出口贸易情况进行分析之后,我们可以对发展中德物流提出更好的建议。同时,我们不能忽视中欧班列在高质量发展中面临的风险,对此本书探索性地提出了化解中欧班列运行风险的方案,并分析新线路中间走廊和南线走廊的可行性,为打通东北到德国的国际货运通道等提供了思路。

通过对以上领域的分析和研究,本书为重庆城市发展提供了文化、交通、物流、能源等方面的政策建议和借鉴经验,并总结了具体的实践指导经验和政策建议,对于重庆城市的未来发展具有重要的参考价值。

综上所述,本书详细研究了中德合作的重要领域、影响因素以及未来趋势,对中德双边合作、交流以及中国相关政策的制定提供了丰富的经验参考。

目 录

1 德国《供应链法》及其对中国企业的启示 ………………………… 余元玲 / 001
2 德国数字主权：理念、实践与挑战 ………………………………… 唐 艋 / 013
3 中德双边贸易发展现状及影响因素分析 …………………………… 孙 卓 / 027
4 中国和德国双边贸易发展现状、影响因素和未来趋势
………………………… 关海长 杨怡涵 吴淑文 熊 敏 / 042
5 德国制造业"隐形冠军"企业发展特征及对重庆的启示
………………………………………………………… 伏 虎 周 雷 / 061
6 德国《供应链法》的背景、动机及其对中国的影响评估
………………………………………… 冯檬莹/Mengying Feng 任世荣 / 076
7 重庆山地农村产业发展路径研究——基于德国理念的借鉴
………………………………………………………… 丛慧芳 徐肖肖 / 088
8 德国再城市化建设中文化遗产向文化资本的转化实践
………………………………………………………… 许 可 钱 翔 / 103
9 文化政策导向下的城市"创意生态"构建策略——德国经验对重庆的启示
………………………………………………………………… 丁 楠 / 116
10 铁路可达性对德国城市发展的影响 …………………… 温 泉 袁圆圆 / 136
11 中欧班列对德国的影响及其媒体评价 ………… 高毛毛 Laszlo Flamm / 156
12 "一带一路"影响下的德国物流发展 ………… 邹竞舸 周 默/Mo Zhou / 162
13 欧盟能源转型面临的挑战与制度建设 ………………… 曾文革 刘 叶 / 181
14 中国新能源汽车在德国市场的挑战和对策 ……………………… 冯颖懿 / 197

1 德国《供应链法》及其对中国企业的启示

余元玲[1]

摘　要： 德国《供应链法》已于2023年1月1日正式生效,该法受《联合国工商企业与人权指导原则》和欧盟ESG原则及欧洲各国相关立法的影响而出台,旨在确保相关企业在其全球供应链中从国家、工商业等层面推进企业责任。该法的制定和实施必将对中国"涉德"企业产生影响,为了做好ESG相关的供应链风险管理,保证企业可持续发展并承担相应的社会责任,中国企业应积极行动,采取相应举措进行应对。

关键词： ESG口号,供应链风险管理,人权标准,环境标准,可持续发展

随着全球化进程的不断深化,企业的社会责任和道德义务越来越受到重视。为了规范企业的行为并保障人权和保护环境,许多国家开始采取供应链尽职调查立法。

2023年1月1日起,德国《供应链企业尽职调查法》(以下简称《供应链法》)正式生效实施,对所有在德或在德有经济活动且达到一定规模的企业都将产生影响。持续性地分析并报告企业自身业务及整个供应链中与人权和环境标准相关的合规情况是该法的重要内容。该法的实施对我国企业的

---

[1] 余元玲,重庆交通大学副教授、欧洲研究中心常务副主任,主要研究方向为环境与资源保护法、国际经济法。近年来,在《经济评论》《甘肃社会科学》《西南大学学报(社科版)》等核心刊物发表论文10余篇,公开出版专著和著作3部。

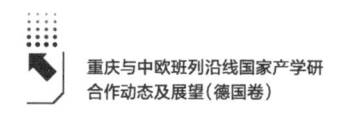

影响及启示值得我们进一步研究以减少相关企业的风险。本文将探讨德国《供应链法》的制定和实施过程,并分析该法对中国企业和社会的影响。

一、立法背景、过程及动机

(一)联合国《人权指导原则》的颁布

企业作为社会经济体的中坚力量,在创造经济价值的同时,奠定了社会可持续发展的基础。鉴于企业社会责任(Corporate Social Responsibility)的深远影响,1998年,联合国成立了专门针对企业承担人权义务的工作组,推出了一个企业行为责任规范草案,但遭到欧美工商界的强烈反对后不了了之;针对这一问题,2011年6月联合国人权理事会一致通过《联合国工商企业与人权指导原则》(以下简称《人权指导原则》),随后,多个国家和地区开始在立法方面探索自己的模式。《人权指导原则》是国际组织首次以非约束性倡议的形式要求企业作为全球化的重要参与者承担避免侵犯人权及消除有害影响的义务。这一人权与环境保障义务范围不仅包括企业自身活动导致的人权及环境损害,还包括基于商业关系、产品或服务而产生的间接影响。不过,作为"软法"(softlaw)机制,《人权指导原则》并不直接在国际法上对成员国以及跨国企业构成强制性约束(张怀岭,2022)。

(二)欧盟ESG口号的影响力

欧盟在其所有经济领域内制定了实现气候中性和可持续发展的目标,并通过在欧盟公司的全产业链中落实特定社会标准(例如劳动条件、最低工资等)以及在公司治理中建立特定环境标准,实现保护人权和解决环境问题的目标。欧盟倡导公司和投资者在开展业务时不仅应着眼于从国际商业关系中获得经济利益,还应考虑在全球供应链中的环境(Environmental)、社会(Social)和治理(Governance)(即ESG口号)因素。欧盟ESG口号的提出是为了推动欧洲的可持续发展、社会公正和企业道德发展,同时也是对全球化的回应。ESG口号中的"环境（Environmental）、社会（Social）和治理（Governance）"三个方面代表了企业及社会的责任，包括环境保护、社会责任和好的治理。

具体来说，欧盟ESG口号的提出是欧盟在面临气候变化、社会不公等挑战时的回应。随着全球变暖、自然资源消耗加剧以及社会问题日益严重，欧盟认识到必须采取行动，推动绿色转型并实现可持续发展。同时，欧盟也认识到，企业及社会具有应对这些挑战的责任。

欧盟ESG口号的影响力也非常大。首先，ESG口号的提出代表了欧盟在可持续发展、社会公正和企业道德方面的承诺和愿景。其次，ESG口号的提出将对欧洲企业、市场和社会产生积极影响。企业将被鼓励采取可持续的商业模式和行为，以提升社会责任和治理水平，从而增强企业的长期竞争力和可持续性。此外，ESG口号的提出将进一步促进欧洲市场的发展，推动经济增长和创新。最后，欧盟ESG口号具有全球示范作用，将鼓励其他国家和地区采取类似的措施，共同推动全球可持续发展。

（三）欧洲各国的国内法转化

在欧盟ESG口号的积极作用下，英国于2015年推出了《现代反奴隶制法案》，采用"点名羞辱"（Naming and Shaming）的模式，要求符合标准的英国商业组织每财政年度提供奴隶和人口贩卖声明（即披露义务），以确保其产业链中不存在"现代奴隶行为"。2017年，法国颁布了《尽职调查义务法》，规定供应链链主（chain leader）对其子公司以及供应商具有制定、公布和实施风险监控方案的义务，违反该义务行为的相应链主将承担民事损害赔偿的责任。2019年，荷兰颁布了《童工尽职调查义务法》，旨在禁止利用童工提供产品或服务的行为，并于2021年3月公布了《关于负责任和可持续地进行国际经营的立法建议》，力图通过规定供应链尽职义务来阻止跨国贸易中的人权以及环境损害行为。鉴于欧盟在预防和减少企业供应链环境风险并实现可持续发展上享有的优势，欧盟长期以来力图在欧盟层面统一的企业供应链人权与环境尽职调查义务立法。同时，欧盟范围内统一的规范有助于避免因各成员国立法模式与规则上存在差异而导致欧盟内部市场规范的碎片化。欧盟于2013年通过了《欧盟木材法规》，旨在防止通过非法砍伐和非法贸易所得的木材进入欧洲市场。根据该法规，所有进口至欧盟的木材和木材制品，都必须经过合法的采伐和贸易程序，并提供相关证明文件。除了欧盟本身的木材市场外，该法规还适用于所有向欧盟出口木材和木材制品的国家和地区。2014年，欧盟通过《非财务信息报告指令》，旨在推动企业在环境、社会和治理方面的透明度和责任建设。该指令要求欧盟内的大型公司必须发布非财务信息报告，向公众披露其在环境、社会和治理方面的表现。2017年初，欧盟颁布《冲突矿产法规》，旨在防止贸易冲突对非洲及其他地区的稀有金属和矿物供应链造成影响。该法规要求企业在采购的锡、钽、钨和金（以下简称"3TG矿物"）时，必须遵守一系列透明度和尽职调查要求。2020年7月，欧盟委员会主席冯德莱恩在发表的《欧洲联盟的精神——建立一个更强大、更统一和更公正的欧洲》讲话中，首次提出了针对公司可持续治理进行立法的计划。她指出，欧盟必须在经济、社会和环境方面实现可持续性发展，而企业在这方面的作用至关重要。紧接着欧盟委员会就相关举措征询公众和利益方意见。2021年，欧洲议会审议并通过《欧盟强制性人权、环境和可持续治理尽职调查指令》。2022年2月23日，欧盟委员会公布了《企业可持续性尽职调查义务指令草案》（CSDD，以下简称《尽职调查指令草案》）。该指令的目标包括两个方面：通过强制性监督和问责机制让公司对其供应链中的人权和环境影响负责；引入董事制定和实施这些尽职调查措施的义务。该指令一旦颁布将是欧盟范围内首个具有约束力的供应链人权与环境保障规范（张怀岭，2022）。此外，瑞士、意大利、芬兰和卢森堡等国也在实施针对企业的各种形式的尽职调查立法。

（四）德国的国内法转化

2019年底，时任德国劳工部长Hubertus Heil（社会民主党）和发展部长Gerd Müller（巴伐利亚基督教社会联盟，简称基社盟）宣布就人权和环境议题强制企业实施尽职调查并推动立法，但是被默克尔和经济部叫停。随着更多欧盟成员国已完成国内立法,在欧盟相关指令尚未最终定型的背景下,德国联邦劳动与社会事务部(BMAS)先后于2020年3月10日和2021年2月28日公布了《德国供应链尽职调查义务法》的草案及其修订版本。2021年6月11日,在社民党的支持下,经过长时间的争论谈判之后,联邦议院表决通过了德国《供应链法》,其中412票同意、159票反对、59票弃权。从各党派情况看,联盟党、社民党、绿党投票支持,左翼党弃权,自民党反对,并于2023年1月1日和2024年1月1日分阶段生效(张怀岭,2022)。

该法与欧洲其他国家类似法律一样,是国际组织软法转化为国内法才能得以实施的立法案例,该项法律框架旨在确保企业在其全球供应链中遵守人权、劳工权利和环境标准,改善全球供应链中的不公正和不合法行为,遵守联合国规定的基本人权标准,如禁止童工和强迫劳动等。

二、主要内容解读

根据该法案,德国公司必须采取措施来确保其供应链中的生产商和供应商遵守相关人权和环境方面的国际标准。如果企业未能满足这些要求,可能会面临罚款和受到名誉损失等后果。

(一)适用企业范围

从2023年1月1日起,《供应链法》的规则将直接影响所有在德国有经营的企业。就雇员规模来看,《供应链法》应用于至少有3000名员工的企业,但从2024年起,该法将涵盖每个财政年度平均拥有超过1000名员工的企业。2024年后适用范围将被重新审定,即使不符合上述最低规模条件的中小型企业也可能需要关注法规的要求。

(二)企业义务

依据法律规定,企业必须明确企业尽职调查职责、发布政策声明、建立风险管理体系、采取预防和规避措施、防范违规行为、建立投诉程序、处理潜

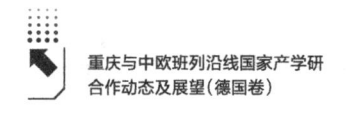

在违规行为、对间接供应商实施尽职调查、记录并提交尽职调查义务履行情况的年度报告等。

(三)尽职调查范围

法案规定尽职调查义务贯穿于整个供应链,从原材料到生产成品再到销售产品。对企业的具体要求按照级别划分:根据企业所处供应链的不同阶段,商业活动类型、范围和企业能够影响链条中劳动者权利的能力及程度决定。企业自营业务领域和直接供应商,需通过尊重劳动者基本权利的原则声明,对可能影响劳动者基本权利的不利情况进行风险分析并制定预防及补救方案,设立投诉机制以及时收到反馈,公开透明地报告实践情况。对于间接供应商,尽职调查的义务只在特殊情况下且只有当企业意识到违规行为的存在时才需履行。

(四)尽职调查义务的具体规定

根据《供应链法》,企业应履行其对供应链环节在人权和环境保护方面的尽职调查义务。"尽职"这一表述表明该义务并非要求企业保证供应链环节的合规,而是要求企业采取如下措施,"尽其所能"排除下游企业污染环境、侵害人权方面的行为:

1.建立风险防范系统,及早识别、防控在污染环境、危害人权方面的风险。例如企业应安排专门人员监测、报告风险防范系统的设立情况。

2.进行风险分析,以调查自身及直接供应商在环境、人权方面的表现。

3.若发现风险,则需执行相应的风险防范措施,例如领导者应颁布人权保护的基本纲领,根据需要检查并更新具体措施。

4.若侵害已发生,则应立即采取合理的补救措施,例如与违规供应商共同采取相应的消除侵害的措施。

5.尽职调查需通过履行记录及报告义务来得到贯彻。该法对记录内容的保存时间以及报告所应涉及的内容及呈交方式也做出了具体规定。

该法在企业对其直接供应商和间接供应商的尽职调查义务上做出了划

分。对于直接供应商,尽职调查义务应涵盖上述所列各个方面。对于间接供应商,只有当企业对于可能发生的破坏环境、侵害人权行为有实质认识时,才需要实行上述措施。

(五)德国公司的供应商需满足的条件

德国公司的供应商应满足特定的核心人权和具体环境标准。核心人权相关标准:1.不得雇佣童工;2.不得使用奴隶;3.不得强迫劳动;4.遵守有关安全工作的最低标准;5.工会自由;6.不得歧视;7.向员工支付足够的报酬(即满足当地最低工资标准);8.无严重违反环境法的行为;9.不得强行收回或非法侵占土地;10.不得使用不道德的安保服务(即不使用酷刑)。

具体的环境标准包括:1.不得生产、使用和分离《关于汞的水俣公约》或《斯德哥尔摩公约》禁止的汞和其他特定化学品;2.符合《斯德哥尔摩公约》的废物处理标准;3.禁止违反《巴塞尔公约》进出口废物。

(六)违法后果、实施程序及机制

违反《供应链法》可能会给德国公司带来严重后果。公司会被处以最高达80万欧元的罚款;对于年营业额超过4亿欧元的公司,最高可处以其全球年营业额的2%的罚款。更严重的是,被罚款超过17.5万欧元的公司将被禁止参与公开招标。为了遵守《供应链法》,德国企业将建立风险管理体系,任命负责人,并定期对其供应商进行风险分析。该体系中设有投诉机制,用于举报违反《供应链法》要求的行为。根据《供应链法》,联邦经济和出口管理局负责监管企业是否呈交相应报告以及报告是否符合规定,并根据报告调查企业是否违反尽职义务。若存在违反这一义务的情况,企业将有可能被课以最多5万欧元的强制金,并根据违反程度、企业规模的不同加以罚款、禁止参与公开招标。值得强调的是,本法并未对企业或供应商的民事责任做出规定。

其实施程序及机制包括:1.德国公司或其海外子公司不仅须自身符合相关标准,还需审查其供应商是否符合《供应链法》的要求,并进行年度审查和特定情况下(如新产品发布)的审查,德国公司或其海外子公司将在供应合同中要求其直接供应商确认符合相关标准;2.德国联邦经济事务与出口管制办公室将制定一个精简的报告程序来确保对企业的监管和法律的有效执行,以此监督企业的合规情况;3.如果出现严重违规行为,工会和非政府组织也有权在德国提起诉讼;4.受侵犯行为影响的劳动者可以在德国法院和办公室提出申诉,维护自己的权利。

三、德国《供应链法》对中国企业的影响

中国供应商将受到其德国客户的额外审查带来的影响。德国客户需要评估中国供应商是否符合《供应链法》的要求。该法对中国企业的影响可能有以下几个方面(胡子南,2022):

(一)刺激欧盟加快制定对华政策

德国《供应链法》的制定及实施,对德国主导的欧盟也产生了极大的影响。欧盟委员会曾在2021年3月发布了一份名为《欧盟与中国:战略定位》的报告,其中提出了欧盟在与中国打交道时需要遵循的一系列原则和策略,特别强调了欧盟需要保护自身利益,并在与中国打交道时坚持价值观和原则,包括人权、民主、法治和透明度等。此外,欧盟还曾在2021年3月制定了一项新的投资协议,旨在促进欧盟企业在中国的市场准入和投资环境发展,同时增强欧盟对中国的监管和约束能力。2021年3月,欧洲议会开始草拟指令,企图在欧洲层面引入额外的报告义务和供应链监控义务。这一指令可能将适用范围扩大到更多公司,并可能引入民事责任。该指令一旦形成会对中资企业赴欧生产、经营和投资产生极大影响,可能会进一步强化欧洲对中国"竞争对手"的定位,让欧盟对中资企业更加防范。

（二）促使欧美联合制定对华经贸产业政策

德国《供应链法》对欧盟的影响极其明显，除了欧盟层面的统一指令外，欧盟和美国还于2021年6月15日宣布建立高级别贸易和技术委员会（TTC），旨在加强跨大西洋地区的合作，推动创新和数字化转型，并应对共同的经济和技术挑战。TTC的成立被认为是美国和欧盟重建跨大西洋伙伴关系的一部分，也是应对中国在全球经济和技术方面的崛起所采取的措施之一。该委员会的建立将为美国和欧盟提供一个更好的平台，以协调其在贸易和技术领域的政策，并共同应对全球性的经济和技术挑战。尽管未专门提及中国，但TTC将推动美欧在经贸和科技政策方面形成针对中国的协调竞争和监管机制，特别是在外商投资安全审查、外国政府补贴审查以及美欧市场招投标等领域。

四、对中国企业的启示及应对策略建议

（一）对中国企业的启示

德国《供应链法》对尽职调查义务的具体要求势必会对企业带来深远影响。该法要求相关企业对其全球供应链中的劳工权利和环境保护进行尽职调查，并对任何违反法律的行为承担责任。这对于中国企业也有一定的启示意义，其中最重要的一点就是：ESG相关的供应链风险管理至关重要。

2021年发生的"新疆棉花事件"与德国《供应链法》看似没有直接联系，并且对所谓"新疆维吾尔自治区的强迫劳动和歧视少数民族"的相关报道最终被证明属于毫无根据地造谣中国新疆和抹黑中国的行为，但其给相关企业带来的损失实属巨大。

根据毕马威的一项调查，67%的受访者表示，他们不得不重新思考企业的全球供应链，因为该战略是企业未来运营模式的关键组成部分，也是影响企业竞争优势的重要因素。近年来，许多公司都采取了多种措施来减少自

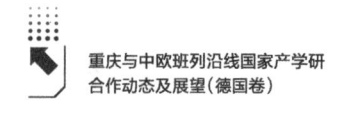

身对环境和社会的影响，但它们往往忽略了供应链相关的问题，导致未能完全解决面临的ESG问题。

2017年，德国汽车零部件供应商舍弗勒集团（Schaeffler Group）在中国遭遇供应链危机，其供应商之一的一家中国工厂因违反环境保护规定被关停。针对这一事件，舍弗勒称，需要3个月时间才能找到新的替代供应商，预计配件供应缺口超过1500吨，短缺将直接影响下游的49家汽车生产商，导致300万辆汽车无法按预定时间下线，预估经济损失达430亿美元。

2018年，公众环境研究中心（IPE）（中国的非政府组织）和另一家环保组织直指小米的一家供应商非法排放废水。此事发生在小米正向港交所递交IPO申请之际，因港交所关于环境污染有"不遵守就解释"的要求，小米供应链问题一时引发了人们的担忧。随后，小米承认其供应商存在环境风险，并表示其IPO文件存在缺陷。虽然小米最后成功在港交所上市，但该事件背后的关于企业供应链风险管理的合规争议和市场争议仍然值得后来者警惕。

首先，合规仍然是ESG相关供应链风险管理的主要原因。2015年3月，英国通过了《现代反奴隶制法案》，该法案要求，任何在英国有业务的本地或国际企业，只要年营业额超过3600万英镑，必须肃清供应链上的非法劳动问题。2016年2月，美国颁布了《贸易便利化和贸易执行法》，其中包括限制强迫劳动生产的商品进口的条款。根据EcoVadis发布的一份白皮书，66%的被调查公司认为监管合规性是他们采购环节的重要影响因子。

其次，消费者维权意识增强，呼声渐高，倒逼供应链上的风险管控。全球知名的市场调研和数据分析公司尼尔森2015年的一项全球调查表明，消费者的关注点不断向气候和ESG问题倾斜。尼尔森还认为，一旦一个组织失去了消费者的信任，它面临的将是双重代价：颇具威慑的罚款和急剧下降的销售额。如今，消费者对一家公司的期望已从以最便宜的价格购买商品转变为了解其原材料的来源。由于负面消息和企业声誉瑕疵都会影响消费者的积极性，所以，对企业来说追踪消费者偏好的变化是一项关键能力，而供应链ESG风险管理是全流程中的重要环节。

最后,投资者认为供应链中的ESG风险管理是识别企业商业模式的一种手段。根据http://Paxworld.com这个网站的信息,ESG因子为投资组合经理提供了对公司管理质量、企业文化、风险状况和其他特征的更多视角。因此,许多公司基于投资者构建的ESG标准制定供应链管理策略。相应地,在供应链风险管理方面表现良好的企业将有能力提高其业务的弹性。

综上,这项法律首先提醒中国企业关注自身供应链中的劳工权利和环境保护问题,加强对供应商的管理和监督,以确保其符合相关法律和道德标准。这有助于提升企业的社会责任感和可持续发展意识,有利于提升企业形象。该法也提醒中国企业在海外经营中应遵守当地法律法规,尊重当地的劳工权利和环境法规,避免因违反法律而造成法律风险和声誉损失。另外该法也提醒中国企业加强内部管理,建立健全供应链管理体系,加强与供应商的沟通和合作,共同推动全球供应链的可持续发展。

(二)中国企业应对策略建议

受此法约制的在德企业或位于中国国内的供应商应充分研究尽职调查义务的具体要求,对本企业或供应商可能存在的危害环境、侵害人权的行为进行自我排查。同时企业应安排专门人员,建立相应的风险防控机制,制定干预措施,开展对企业相关负责人的合规培训,对将要履行的记录和报告义务做好充分的准备。由于企业规模或业务范围等原因而未受该法约束的公司也应熟悉《供应链法》,并作为企业合规的重要考量因素,为之后公司规模扩张或是业务拓展做好准备。可采取的行动包括:

第一,遵循相关行业的供应商行为准则。目前,各大行业都建立了自己的行业行为准则,如全球电子产业中的责任商业联盟(RBA)。此外,《可持续采购标准》和《联合国全球契约》已成为正式的ESG管理框架。另外还有标准制定者参与其中,他们帮助企业在其供应链中实施ESG风险管理。例如,为可持续采购提供指导的国际标准化组织(ISO)在其ISO20400可持续采购标准中强调,有必要在人权和气候变化方面开展尽职调查。

第二,完善供应商ESG风险管理机制。供应商审计是帮助建立ESG风

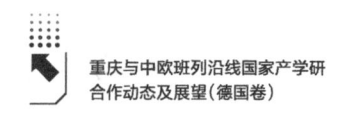

险管理机制的有用工具,鼓励企业对其供应商进行审计和评估,评估内容包括工作条件、环境影响和劳工标准等。这样,企业不仅可以确保其供应商实现ESG目标,还可以保护自己免受未来可能遭受的风险影响。

第三,向公众披露信息,接受利益相关者的监督。供应链透明度取决于两个因素:可见性和披露。为了提高可见性,公司应准确识别与ESG相关的问题,并在整个供应链中收集数据。对于披露,公司应与内外部利益相关者就其披露内容的披露程度和层级进行沟通。更具体地说,公司应从实质性评估(materiality assessment)着手,即对内外部利益相关者的利益进行评估。这不仅可以帮助企业了解产品物流动向、供应商的数量,还能帮助企业了解供应链中每个环节的运作流程。

第四,具体措施着手点:审查和分析企业相关供应商的业务,确保并证实其符合《供应链法》标准。联系企业的德国客户,与之探讨如何以最佳方式满足新法律提出的要求,以避免德国客户提出额外需求。为德国客户量身定制一份《供应链法》合规文件。制定一份说明本企业如何确保符合德国《供应链法》标准的文件,并定期更新以应对德国客户或潜在德国客户的审查。

参考文献

[1]张怀岭.德国供应链人权尽职调查义务立法:理念与工具[J].德国研究,2022,37(02):59-84+122-123.

[2]胡子南.欧盟强化对华经贸防御工具的动因、举措、影响及中国应对[J].太平洋学报,2022,30(03):53-63.

[3]周尚颐.德国议院批准《供应链尽职调查法》[J].董事会,2021(06):83.

2

德国数字主权：理念、实践与挑战

唐 艋[①]

摘　要： 随着数字经济规模的扩大，数字主权成为大国博弈的新领地。德国数字主权的话语开端于2007年，由德国政府引领，德国经济界与学术界共同建构，其理念不断得以深化与完善。如今，建设与维护德国数字主权已成为德国各界共识。本文将对德国政府文件、经济报告、学术论文等数字主权相关文本进行系统梳理，提炼出德国数字主权内涵，呈现德国数字主权重要政策领域与措施，分析德国数字主权和维护所面临的挑战，并在此基础上分析德国数字主权政策对我国的影响和我国的应对策略。

关键词： 德国，数字主权，网络安全，数字经济，中德合作

2022年，全球51个主要经济体数字经济增加值规模为41.4万亿美元，同比名义增长7.4%，占GDP比重的46.1%，其中美中德连续多年位居全球前三位。[1]随着数字经济规模的扩大，数字领域已成为大国竞争的新高地，数字主权随之被视为国家利益的重要组成部分，各国纷纷围绕数字主权展开博弈，试图在数字竞争中占据优势地位。

在数字主权博弈中，欧盟尤为活跃。自2017年法国总统马克龙提出"欧洲主权"以来，欧盟陆续发布了《塑造欧洲数字未来》《欧洲数字主权》《2030数字指南针：欧洲数字十年之路》等文件，对内助推本土数字企业的成长，发展关键数字技术，对外防御境外数字巨头对欧洲数据安全的侵犯，

[①] 唐艋，博士，副教授，研究方向为德国国情研究、中德跨文化交际与话语语言学。

打击相关势力在欧洲市场的垄断行为。[2]有学者认为,在欧盟数字主权的建构过程中,法德是引领者,法国引领数字主权的话语建构,德国则在欧盟数字主权的政策实践上居于主导地位。[3]实际上,德国国内数字主权话语比欧盟开端更早,呈现出政府引领、经济界与学术界共同建构的发展路径,其理念内涵与政策措施近年来不断拓展与完善。下文将对德国数字主权相关的政府文件、经济报告、学术论文等文本进行梳理与分析,提炼出德国数字主权的理念内涵,总结出德国数字主权的主要政策领域与措施,分析德国数字主权建设面临的挑战,并在此基础上预判其发展趋势及对我国的影响。

一、德国数字主权的发展背景与理念内涵

德国数字主权理念的提出与发展具有多重背景。早在2007年,德国便提出了数字消费者主权,主张提高消费者在数字领域的自主性,保护数字消费者的权利。[4]2013年,斯诺登披露了美国国安局的棱镜计划,德国等欧洲盟友也在美国监听之列,该事件推动德国政府开始审视美国数字霸权对德国国家安全与主权的威胁。基民盟、基社盟与社民党因此于2013年12月达成联盟协议,要求捍卫德国技术主权并出台了一系列网络安全措施。

数字主权政策的另一推动力来自德国政府改变相对落后的数字经济发展状况的迫切愿望。美国在数字市场上的主导地位和中国等新兴经济体的快速发展为德国带来了较大的竞争焦虑,为了增强德国在数字市场上的自主性与竞争力,德国联邦经济与能源部于2015年在国家信息技术峰会上发布了《数字主权准则》,正式提出了数字主权。此外,大数据、云计算等尖端数字技术的发展,暴露出德国在硬件、软件、数字平台与数字基础设施等方面存在较强的对外依赖,在此背景下,维护德国数字主权逐渐成为德国政界、经济界与学术界的共识。

在关于数字主权的诸多文本中,《数字主权准则》奠定了德国数字主权理念的内涵基础,德国各界关于数字主权的讨论多以该文件对数字主权的

定义为出发点进行理念的拓展与深化。《数字主权准则》将数字主权定义为"在不完全依赖自身资源的前提下数字空间内的自主行动与决策能力"。[5]该文件对此定义进行了如下解释："数字主权指德国经济界、科学界与社会能够在不损害自身安全利益与数据保护的情况下使用数字产品、服务、平台和技术,能够不产生不可避免的依赖性,能够实现数字领域相关的商业想法与模式,能够开发具有国际领先地位和市场成熟度的数字技术。"[5]从以上定义可以看出,德国数字主权理念涉及网络安全、数据保护、数字技术开发与数字技术研究成果的商业转化,其主体涉及经济界、科研界与整个德国社会。"不产生不可避免的依赖性"并不意味着完全自给自足,而是"在掌握关键数字技术、适当的数据保护和创建创新友好型环境的前提下,使个体和社会享受到数字技术所带来的自由。因此数字主权指在不完全依靠自己资源的情况下能够自主决策与行动"。[6]

继德国政府正式提出数字主权后,德国经济界与学术界在政府引领下积极参与关于数字主权的讨论,拓展与深化了德国数字主权的内涵。总的来说,德国各界目前对数字主权的内涵形成了以下基本共识：

一是将网络安全视为德国实现数字主权的前提。2011年,德国发布了第一份《网络安全战略》,将加强信息技术安全作为确保技术主权的重要手段。德国在2021年发布的《网络安全战略》中进一步明确了数字主权与网络安全的关系,指出国家、企业、科学界与全社会的数字主权是网络安全战略的核心准则之一,安全的技术和解决方案以及对数字技术潜在风险的判断能力是实现德国数字主权的重要前提。[7]

二是德国数字主权涉及国家、企业、科研界与个体四个主体,其中国家、企业与个体三个层面最常被提及。对数字主权主体的区分最早源于德国信息技术、电信和新媒体协会所提出的"用户主权"和"供应商主权"。"用户主权"指个体能够自主与安全地使用数字产品、服务与平台,正如德国学者波勒所说,"德国与欧洲的数字主权理念不仅与国家有关,还与企业和公民有关,不仅指能够自主运用数字技术,还指能在数字化时代独立与安全地进行数字化实践"[8]。"供应商主权"强调数字技术、数字产品与服务的自主创新

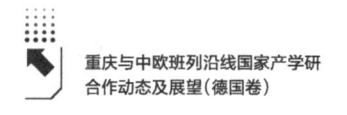

与开发,主要涉及国家、企业与科研界。[9]

三是数字主权涉及决策能力与行动能力两个层面。"决策能力"指"能够理解、判断与检测市场上数字组件与解决方案的性能与可信度","行动能力"指"能有效使用数据技术提高竞争力与创新能力"。[6]德国工业联合会(BDI)还指出:"数字主权还包括能够完全掌握数据、能够独自决定谁使用数据。同时还指在必要的情况下能够独立开发、更改、控制和生产技术元件和数字系统。"[6]

四是数字主权不等于保护主义,而是指通过战略性地处理与调控德国在数字领域的对外依赖来提高其在数字领域的决策与行动能力。早在2019年,德国时任总理默克尔便在第14届联合国互联网治理论坛的开幕词中将数字主权与孤立、保护主义和国家审查制度区分开来,主张数字主权意味着个体与社会以自主的方式实现数字化转型。[10]2021年,德国联邦经济与能源部发布了《数字主权现状总结和行动领域》,再次强调数字主权意味着在必要的领域尽可能自主,例如国家安全领域和个人数据保护领域,同时,德国应在数字技术方面占领前沿地位,能基于欧洲价值观促进数字化转型并向全球提供顶尖的数字产品。[6]

综上所述,德国数字主权话语发端于2007年,自2015年起,数字主权这一概念开始频繁出现在德国政治、经济与学术话语中。数字主权被视为国家、企业、科研界与个体在数字空间的自主决策与行动能力,可以理解为数字领域的战略自主,其目的是"创造能力和资源,以便评估和补偿现有依赖关系可能带来的负面影响并同时扩大自己决策和行动自由的范围"[11]。德国与欧盟的数字主权理念具有相似性,它们均主张战略性地调整对外依赖,发展数字经济,掌握关键数字技术与数据权。所不同的是,欧盟主张强化欧洲制定符合自身价值观的数字规则能力[12],德国则较少强调数字主权的价值观维度和规则制定权。德国重视公民的数字主权,将个体视为数字主权的主体之一,一定程度上拓展了传统的主权观念,即主权不仅仅指国家在特定领土所拥有的政治权力,还指个体能够自主与安全地在数字世界进行决策与行动。

二、德国数字主权建设的领域与措施

德国数字主权建设涵盖网络安全、数字技术、数字基础设施、数据保护与数字能力培养五个领域。维护网络安全为德国数字主权建设创造前提,提高企业与公民的数字能力为数字主权建设奠定基础,关键数字技术研发、数字基础设施建设与数据保护则是德国数字主权建设的主要路径。

1. 维护网络安全,加强信息安全建设

首先,德国建立了分工明确和层次清楚的网络安全行政架构。联邦信息安全局(BSI)专门负责信息技术安全工作,其任务包括保护联邦政府网络的信息安全、为信息技术产品和服务提供安全测试和认证、制定统一的信息技术安全标准等。在联邦信息安全局这一主导部门下,德国还设有多个信息安全相关的辅助性部门,例如负责提供技术解决方案的信息技术中央办公室(ZITiS)、确定网络安全趋势和需求的网络安全委员会(Cyber-Sicherheitsrat)和负责协调各部门工作的网络防御中心(Cyber-Abwehrzentrum)。其次,德国建立了与网络安全相关的法律框架,其中《信息安全法》位于核心位置。该法主要针对关键基础设施的运营者,涉及通信、医疗、金融、能源、运输、保险等领域。根据《信息安全法》,关键基础设施运营商必须保证基本的信息技术安全并在出现重大信息技术问题时向联邦信息安全局报告。2021年,德国对《信息安全法》进行了修订,增加了对移动网络安全的规定,要求移动网络运营商必须满足法律规定的安全要求,关键元件必须通过联邦信息安全局的安全认证。此外,德国政府还大力发展信息与通信安全技术,例如弗劳恩霍夫公司、马克斯-普朗克协会和德国航空航天中心多年来致力于防窃听与防数据篡改的量子通信试点网络的研究。最后,德国还大力促进网络安全技术研究,"数字·安全·主权"项目于2021年6月启动,德国政府预计投入3.5亿欧元用于资助信息安全研究。此外,德国还不断加强与欧盟和北大西洋公约组织伙伴的合作,相关措施包括通过欧盟发布的"网络外交工具箱"应对国外的破坏性网络活动、将欧盟的《网络与信息安全指令》纳入国家法律等。

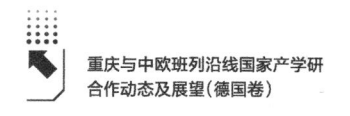

2. 加强关键数字技术研发与成果转化

电子技术、通信技术、软件与人工智能、数据技术与量子技术被德国政府视为数字领域的关键技术,[13]对德国捍卫数字主权和发展数字经济影响巨大。德国在关键技术领域实施了一系列措施,例如在电子技术领域,德国加入了欧盟的"微电子项目"和"欧洲处理器计划",与欧盟其他国家共同开发新型微电子产品和高端芯片。在通信技术领域,德国大力建设未来通信技术/6G研究中心。在人工智能领域,德国于2020年更新了《人工智能战略》,将人工智能领域的投资从30亿欧元增加到50亿欧元。同时,德国增加了对柏林机器学习与数据基础研究所、莱茵-鲁尔机器学习研究中心、慕尼黑机器学习中心等六个国家级人工智能中心的资助。德国还推出"中小企业中的人工智能研究、开发与使用"项目,鼓励中小企业在人工智能领域进行研究和加快研究成果的应用转化;开展"高校人工智能"项目,促进高校人工智能教育,为大学生和青年科学家提供资助。在量子技术领域,德国政府同样注重应用研究与科研成果的市场化,"量子技术——从基础研究到走入市场"项目帮助工业界与企业参与到量子变革中,促进量子技术市场化。

3. 建设与完善数字基础设施

数字基础设施包括宽带、移动通信网络、数据中心、大型计算中心等。德国近年来致力于光纤与5G移动网络建设,已经提供了总计120亿欧元的资金用于补贴光纤建设。[14]2022年7月13日,德国新一届政府在其执政联合协议中通过了关于数字基础设施的决议,其目标是到2030年所有德国家庭都能"光纤到户"(FTTH)。[15]在移动网络建设方面,德国推动了价值11亿欧元的计划,以确保在目前没有移动网络或只有2G网络连接的区域至少有4G网络覆盖。德国尤其重视数据基础设施的建设,认为"可信与安全地提供科学和经济方面的高质量数据并将其应用于新知识和新模式的价值创造是技术主权的重要组成部分和数字化转型的基础"。[13]在欧盟层面,德国积极推动欧盟云计算系统"盖亚—X"(Gaia—X)和欧洲开放科学云(EOSC)建设。在德国国内,德国联邦和联邦州共同建立了国家研究数据基础设施

（NFDI），旨在整合分散的、项目式的科研数据，并建立统一且全面的数据管理标准。2022年德国国家工程院发起了"出行数据空间"项目，旨在建设共享的交通出行数据社区，德国新一届联邦政府已将该项目确定为数字化战略的重要组成部分。

4. 完善个人数据保护制度

个人数据保护对个体实现数字主权具有重要意义，德国主要通过立法来实现这一诉求。早在1977年，德国便出台了《联邦数据保护法》，规定无论公共机关还是私营机构，除非获得个人授权，否则禁止收集他人的个人信息。1983年，德国宪法法院提出了"信息自决权"，将个人对信息的控制上升到宪法意义上的基本权利层面。[16]随着欧盟《隐私和电子通信指令》《数据储存指令》等相关指令的出台，德国逐渐完善个人信息的知情权、修改权、收集同意权、披露权及使用权等一系列权利，强化个人对个人信息的控制。2018年，欧盟《通用数据保护条例》生效，该条例扩大了地域适用范围，规定在欧盟境外、出于向欧盟境内公民提供商品或服务之目的而处理其个人数据的数据处理负责人，也同样适用《通用数据保护条例》。[17]在《通用数据保护条例》框架中，德国对其一般规定进行了细化，进一步促进了对个人数据的保护。

5. 数字教育与数字能力培养

德国在2021年发布的《联邦政府数字化实施策略》中指出，数字能力指的是"能以自决的方式共同塑造数字化转型并能够负责地处理数字世界中的风险"。[18]数字能力是个体实现数字主权的前提，为了提高个体的数字能力，德国将数字能力教育融入中小学教育、大学教育、职业教育和职业培训中。"中小学数字化协议"项目旨在优化中小学数字基础设施与学习设备，实现无线网络全覆盖，同时通过教学法将数字教育融入中小学课程中。"职业教育4.0"倡议包含一系列促进双轨制职业教育数字化的子项目，例如"职业起动机+"（JOBSTARTER +）项目以促进中小企业职业培训数字化转型为目标，为职业培训方案实现数字化转型提供咨询。德国还针对不同年龄群体与性别群体推出了各项数字能力促进项目,例如"数字罗盘+"项目以提高农村地区老年人数字能力为目标,同时还设立了"老年人数字化教育"国家服务点,以在线门户网站的形式为老年人提供网络安全与数字能力方面的信息与咨询。针对企业,德国推出"数字·现在"项目,为中小企业在数字化方面的投资、员工数字能力的培养和网络安全建设方面提供资金支持;建立了26个"中小企业4.0能力中心",为中小企业提供覆盖整个价值链的数字化相关服务;成立"中小企业的数字化/网络化"部门,以监测中小企业数字化进程。

三、德国数字主权建设面临的挑战

尽管德国为了捍卫数字主权、提升其在数字领域的竞争力制定了多项措施,但依然面临诸多挑战。

1. 难以在短期内改变对外依赖的现状

根据联合国《2021年数字经济报告》,美国和中国从数据驱动的数字经济中受益最多,全世界的超大规模数据中心有一半在中美两国,中美两国拥有全球70%的人工智能研究人员,两国所拥有的大型数字平台占全球近90%的市值,而欧洲在其中的份额仅为4%。[19]2022年,德国联邦经济与能源部对德国数字主权方面的优劣势进行了评估,表明德国在传感器技术、电力电子技术、B2B平台、数据中心、信息安全技术、人工智能和网络安全技术研究方面具有优势,但在原材料和初级产品(如稀土)、芯片制造、云技术、通信基础设施(例如5G网络组件)、软件与应用程序、B2C平台等方面主要依赖于美国和亚洲供应商。[6]值得注意的是,德国虽然在人工智能基础研究(尤其是机器学习)方面处于领先地位,但将科技成果商业化的能力相对较差,全球大部分人工智能的初创企业位于美国(约1400家),其次为中国(约400家),德国则排名第九。[6]鉴于数字技术的研发和数字基础设施建设需要较长的周期,在大国数字领域博弈加剧的情况下,德国难以在短期内改变其在数字领域对外依赖较强的现状。

2. 中小企业数字化水平较低

根据德国经济与气候保护部2021年调研,德国大型企业的数字化水平较高,小型企业的数字化程度低于平均水平,中型企业的数字化水平相比2020年有所下降。[20]与欧盟其他国家相比,德国企业的数字化水平仅处于中间位置,在某些领域甚至比较落后,例如在数字技术运用方面,德国在28个欧盟成员国中排第18位,只有17%的中小企业开展网上销售,仅达到欧盟平均水平,仅18%的中小企业开具电子发票,20%的企业使用云服务,均低于欧盟平均水平。[21]此外,德国企业对数字主权的重视程度不够,仅12%的信息技术企业和13%的制造业企业在发展时考虑到数字主权。[6]

3. 数字领域投资不足,数字专业人才缺乏

根据世界经济合作与发展组织的调查,2019年,德国在信息技术领域的投资达490亿欧元,占国内生产总值的1.4%,而美国、法国、英国、日本等国家在该领域的投资占其国内生产总值的2.6%—3.9%。[22]德国企业对数字化的投入同样较少,以中型企业为例,德国中型企业2019年的数字化投资总额约为175亿欧元,但其在房地产、机器、固定资产、设备等传统投资方面的金额却远高于数字化投资,达2220亿欧元。[23]德国实现数字主权的另一障碍是德国人口老龄化与数字专业人才不足的现实状况。根据欧盟委员会的调查,通信和信息技术人才在德国人口中的占比是4.7%,略高出欧盟平均水平(4.3%),66%的德国公司面临难以招聘到通信和信息技术人员的问题,超出了欧盟平均水平(55.4%)。[21]专业人才的缺乏进一步阻碍了数字技术的研发与应用,从而使德国企业在实现数字主权的道路上进展缓慢。

4. 德国社会对数字化的态度较为保守

德国社会对数字技术与数字化的态度不够开放,阻碍了数字技术、数字产品与数字服务的创新与推广。数字平台提供了让外部生产者和消费者在

线互动的机制,是数字经济发展的重要动力,在2021年全球市值最大的十个公司中,超过一半使用基于数字平台的商业模式。[24]然而,德国企业对数字平台的态度并不积极,45%的企业认为数字平台意味着机遇,30%的企业却视为风险,20%的企业认为数字平台并不重要。[6]就德国社会整体而言,虽然大部分德国人认为数字技术与数字化有利于经济发展,但对数字技术的社会影响却持悲观态度,如约80%的德国人认为人工智能将会导致人们工作机会的减少。在数据分享意愿方面,德国仅处于欧盟平均水平,较多德国人愿意将个人数据"贡献"给医学研究,然而在自然灾害控制、公共交通、空气污染和能源效率方面,德国人并不愿意分享个人数据,甚至三分之一的德国人表明不会为任何目的分享个人数据。[25]过于严格的数据保护将导致额外的经济成本,阻碍商业模式的创新和公共服务的改善,同时也可能对经济增长、就业和环境产生负面影响。

四、德国数字主权政策对我国的影响及我国的应对策略

受欧盟数字主权政策的影响,德国必将进一步推动数字主权政策,同时将继续积极推动欧盟扩大其在数字技术标准规范、数据保护与数字平台监管方面的话语权。鉴于德国在欧盟中的主导作用,德国多主体的数字主权理念将反过来对欧盟数字主权政策产生影响,其数字消费者主权的理念与欧盟基于"人权观"的数字主权观念相契合,或将促使欧盟以国家为主体的数字主权理念发生改变。

首先,基于德国数字主权现状与政策措施状况,可以预见德国将会大力扶持国内数字企业,将战略性地降低其在数字领域对美国与中国的依赖;德国企业对合作伙伴和供应商的选择将更加谨慎,将更偏好欧洲数字企业,中国企业或将面临更多挑战。根据德国信息技术、电信和新媒体协会2021年

的调查,95%的德国企业认为德国应该依靠自身的技术能力,约50%的德国企业认为德国应增强与其他欧盟国家在数字领域的依赖性,分别有38%和46%的企业认为德国应该降低对美国与中国在数字领域的依赖。[26]此外,89%的德国企业认为欧盟国家的数字供应商值得信任,仅有39%和31%的企业信任美国与中国的数字服务商。[26]其次,全球范围内数字主权理念、数字规则与标准之争越发激烈,欧盟和德国近年来积极推动数字平台治理规则的制定,欧洲议会于2022年通过了《数字服务法》和《数字市场法》,其侧重点分别是数字内容治理和数字平台反垄断;德国于2021年修订了《反限制竞争法》,加强了对数字平台的反垄断监管,以上措施将导致在德国与欧洲开展业务的我国数字平台面临更严格的监管和外资审查。最后,数字消费者主权是德国数字主权的组成部分,也是德国数字主权的特色之一。德国公民一向十分重视隐私权,数据分享意愿低,在德运营的我国数字服务商将承担更严格的数据保护义务。

尽管德国数字主权政策可能使中、德两国在数字领域的合作面临挑战,但其中同时也潜藏机遇。首先,德国政府多次强调数字主权不等于保护主义。其次,德国经济界比较理性与务实,据调查,对于大部分德国企业而言,价格、产品性能与合作国的制度稳定性比价值观与意识形态更加重要。[26]最后,中德两国具有长期与稳定的经贸关系,在全球价值链上合作紧密,维护中德关系符合两国共同利益。因此,我国应积极应对德国数字主权带来的挑战,利用其潜藏的机遇,具体措施包括以下三个方面。

一是尊重德国数字主权的诉求与政策,加强与德国的战略对话,求同存异,扩大共识,充分挖掘合作空间。目前世界上大多数互联网通信都是通过位于美国的服务器和光纤电缆进行的,对于美国在网络空间的霸权地位,欧盟早已有所不满且已出台多项措施及法律提高其在数字领域的自主性与规则话语权,在这方面我国与德国具有同样的诉求,因此我国应加强与德国在网络空间治理、网络安全等方面的战略对话,扩大共识,共同探索解决方案,推动多边治理模式发展。另外,我国应认识到两国在数字领域的优势与劣势,充分挖掘合作潜力。我国在数字平台、数据、5G技术、电子商务、人工智能等方面具有优势,数字经济发展迅速,数字消费市场庞大,数字人才比较充足,商业创新能力强,但在高端芯片、工业控制软件、核心元器件等方面发展不足。德国则在传感器技术、电力电子技术与B2B工业平台等方面具有优势,且德国制造业在工业4.0方面也已形成了规模效应,但德国在数字平台、数据、软件开发、商业模式创新与数字人才储备等方面有所欠缺,德国中小企业数字化程度也有待提高。鉴于这一情况,我国应利用现有科技平台与学术交流平台促进两国科技人才的交流与合作,大力支持两国科学家共同研发数字技术,同时我国应充分发挥优势,加强与德国数字领域的经贸合作,构建中德两国在数字价值链上相互依存的经济关系,吸引更多德国中小企业入驻我国境内与境外的数字平台,实现共赢。

二是完善国内数字空间治理体系,为中德合作营造良好的制度环境。德国属于不确定性规避较高[27]的国家,注重法律、规则与秩序。对于德国企业而言,制度环境十分重要,是决定是否进行合作与投资的重要因素。因此,我国首先应加强对数字平台的监管,加强数据保护,完善数字领域的法律法规,营造公平规范的制度环境。同时,还应认真学习欧盟及德国的数字经济治理规则及相关法律法规,减少或避免对方因政治考量有意区别对待的情况,为我国企业走出去提供及时有效的政策引导。

三是加强本国的数字主权建设,发展与其他国家的数字合作,增强中国数字规则话语权。我国与德国一样面临关键技术"受制于人"的局面[28],因此应提升本国数字领域自主创新能力和关键技术领域的主导权,积极利用世界贸易组织、二十国集团、金砖国家等平台以及"一带一路"倡议推动国际数字空间多边治理,主动参与数据跨境流动等标准的制定,推动"数字丝绸之路"与丝路电商的建设,构建开放的数字国际合作格局。

参考文献

[1]中国信息通信研究院.全球数字经济白皮书(2023年)[EB/OL].[2024-03-26].http://www.caict.ac.cn/kxyj/qwfb/bps/202401/P020240326601000238100.pdf.

[2]郑春荣,金欣.欧盟数字主权建设的背景、路径与挑战[J].当代世界与社会主义,2022(02):151-159.

[3]宫云牧.欧盟的数字主权建构:内涵、动因与前景[J].国际研究参考,2021(10):8-16.

[4]Bundesministerium für Ernährung, Landwirtschaft und Verbraucherschutz. Charta Verbrauchersouveränität in der digitalen Welt[EB/OL].[2023-08-02]. https://www.vzbv.de/sites/default/files/downloads/charta_digitale_welt_1532007.pdf.

[5]Bundesministerium für Wirtschaft und Energien. Leitplanken Digitaler Souveränität[EB/OL].[2022-07-02]. https://www.de.digital/DIGITAL/Redaktion/DE/Downloads/it-gipfel-2015-leitplanken-digitaler-souveraenitaet.pdf?__blob=publicationFile&v=1.

[6]Bundesministerium für Wirtschaft und Energien. Schwerpunktstudie Digitale Souveränität. Bestandsaufnahme und Handlungsfelder[EB/OL].[2023-09-11]. https://www.bundesregierung.de/breg-de/service/publikationen/schwerpunktstudie-digitale-souveraenitaet-1981176.

[7]Bundesministerium des Innern. Cybersicherheitsstrategien 2021[EB/OL].[2023-09-02]. https://www.bmi.bund.de/DE/themen/it-und-digitalpolitik/it-und-cybersicherheit/cyber-sicherheitsstrategie/cyber-sicherheitsstrategie-node.htm.

[8]Phole J. Digital sovereignty: A new key concept of digital policy in Germany and Europe[M].Konrad-Adenauer-Stiftung,2021.

[9]Bitkom. Digitale Souveränität. Positionsbestimmung und erste Handlungsempfehlungen für Deutschland und Europa[EB/OL].[2023-09-18]. https://www.autocad-magazin.de/bitkom-positionspapier-digitale-souveraenitaet-entscheidet-ueber-zukunft-deutschlands/.

[10]Speech by Federal Chancellor Dr Angela Merkel opening the 14th Annual Meeting of the Internet Governance Forum in Berlin on 26 November 2019[EB/OL].[2024-09-10]. https://www.bundesregierung.de/breg-en/news/speech-by-federal-chancellor-dr-angela-merkel-opening-the-14th-annual-meeting-of-the-internet-governance-forum-in-berlin-on-26-november-2019-1701494.

[11]Kar M R, Thapa B E P. Digitale Souveränität als strategische Autonomie[EB/OL].[2022-10-02]. https://www.oeffentliche-it.de/documents/10181/14412/Digitale+Souver%C3%A4nit%C3%A4t+als+strategische+Autonomie+-+Umgang+mit+Abh%C3%A4ngigkeiten+im+digitalen+Staat.

[12]郭丰,秦越.欧盟维护数字主权的理念与行动[J].信息资源管理学报,2022,12(04):70-81.

[13]Bundesministerium für Bildung und Forschung. Technologisch souverän die Zukunft gestalten. BMBF-Impulspapier zur technologischen Souveränität[EB/OL].[2022-10-10]. https://www.aufstiegs-bafoeg.de/SharedDocs/Publikationen/de/bmbf/pdf/technologisch-souveraen-die-zukunft-gestalten.pdf?__blob=publicationFile&v=2.

［14］Bundesvereinigung der kommunalen Spitzenverbände. Geförderten Glasfaserausbau konsequent fortsetzen［EB/OL］.［2024-04-20］. https://www. landkreistag. de/images/stories/themen/Breitband/220314_BV_Glasfaserausbau.pdf.

［15］Die Bundesregierung. Gigabitstrategie der Bundesregierung［EB/OL］.［2024-04-20］. https://www.bundesregierung.de/breg-de/themen/digitalisierung/gigabitstrategie-2017464.

［16］刘金瑞.德国联邦数据保护法2017年版译本及历次修改简介［J］.中德法学论坛,2017(02)：339-388.

［17］陈咏梅,伍聪聪.欧盟《通用数据保护条例》域外适用条件之解构［J］.德国研究,2022,37(02)：85-101,123-124.

［18］Bundesregierung. Digitalisierung gestalten. Umsetzungsstrategie der Bundesregierung.［EB/OL］.［2022-09-12］. https://www.bundesregierung.de/resource/blob/975292/1605036/339a38c264fd50ff9efca6ad8da64bae/digitalisierung-gestalten-download-bpa-data.pdf? download=1.

［19］UNCTAD. Digital Economy Report 2021.［EB/OL］.［2023-08-28］. https://unctad.org/system/files/official-document/der2021_overview_en_0.pdf.

［20］Bundesministerium für Wirtschaft und Klimaschutz. Digitalisierung der Wirtschaft in Deutschland. Digitalisierungsindex 2021［EB/OL］.［2022-11-18］. https://www.bmwk.de/Reda-ktion/DE/Publikationen/Digitalisierungsindex/publikation-download-Langfassung-digitalisierungsindex-2021.pdf?__blob=publicationFile&v=2.

［21］Europäische Kommission. Index für die digitale Wirtschaft und Gesellschaft（DESI）2021 Deutschland［EB/OL］.［2023-09-18］.https://digital-strategy.ec.europa.eu/en/policies/countries-digitisation-performance.

［22］Volker Zimmermann. Digitalisierung im internationalen Vergleich：Deutschland liegt bei IT-Investitionen weit hinten［J］.KfW Research，Fokus Volkswirtschaft,2021(352)：1-5.

［23］Volker Zimmermann. KfW-Digitalisierungsbericht Mittelstand 2020. Rückgang der Digitalisierungsaktivitäten vor Corona, ambivalente Entwicklung während der Krise［EB/OL］.［2023-10-12］.https://www.kfw. de/PDF/Download-Center/Konzernthemen/Research/PDF-Dokumente-Digitalisierungsbericht-Mittelstand/KfW-Digitalisierungsbericht-2020.pdf.

［24］徐秀军,林凯文.数字时代全球经济治理变革与中国策略［J］.国际问题研究,2022(02)：85-101,156.

［25］Pfaffl Christian/Czernich Nina/Falck Oliver. Digitale Transformation-wie kann Deutschland zu den führenden Nationen aufschließen?［EB/OL］.［2023-09-20］. https://www.ifo.de/DocDL/sd-2022-02-czernich-falck-pfaffl-etal-digitale-tansformation.pdf.

［26］Bitkom. Digitale Souveränität-wie abhängig ist unsere Wirtschaft?［EB/OL］.［2023-10-18］. file:///C:/Users/ASUS/Downloads/bitkom-charts-digitale-souveranitat-18-02-2021_final.pdf.

［27］"不确定性规避"(Uncertainty Avoidance)指某种文化的成员在面对不确定或未知的情况时感到威胁的程度,不确定性规避高的文化注重规则,倾向于制定细致的规章制度来降低不确定性。参见吉尔特·霍夫施泰德,2012,《文化与组织：心理软件的力量》,中国人民大学出版社,第177页。

［28］国家互联网信息办公室.数字中国发展报告(2022年)［EB/OL］.［2023-10-20］. http://www.cac.gov.cn/2023-05/22/c_1686402318492248.htm.

3 中德双边贸易发展现状及影响因素分析

孙 卓[①]

摘　要： 德国是中国在欧洲最大的贸易伙伴之一,中德两国合作领域广泛、经济互补性强、发展潜力巨大,研究中德双边贸易发展现状及影响因素对中德及时调整对外贸易战略、推进"一带一路"建设具有十分重要的理论价值与现实意义。首先,本文从贸易总量、贸易结构、贸易地位等方面梳理中德双边贸易发展现状。其次,本文分别从政治、文化、经济等方面分析中德双边贸易发展的影响因素。最后,为了缓解外部环境对中德贸易的不利影响,本文提出通过维护两国友好关系、加强两国人文交流、挖掘两国经贸潜力等措施促进中德双边贸易合作发展。

关键词： 中德贸易,发展现状,影响因素

一、引言

中德两国自1972年10月11日建交以来,双边关系发展态势总体顺利。2022年10月11日,中德建交50周年纪念日之际,国家主席习近平同德国总

[①] 孙卓,博士,浙江外国语学院国际商学院。本文系2023年度浙江省社科联研究课题:数字经济驱动浙江产业链供应链现代化水平提升的机制与路径研究(项目编号:2023N071);跨境电商浦江研究院2024年重点课题:浦江县域数字经济面临问题及对策研究(项目编号:CBECI2024002)。

统施泰因迈尔就中德建交50周年互致贺电。施泰因迈尔表示,50年来,德中关系在多领域向深层次发展,增进了两国交流和两国人民福祉。中国是德国第一大贸易伙伴,德中经贸合作符合双方利益。祝愿两国间合作继续蓬勃发展。建交以来,国际形势风云变幻,两国之间的贸易交往面临冲击与挑战。但在中德两国政府建设性的政治框架下,双方经贸往来频繁,并成为双方关系的压舱石。中德两国都是世界经济大国和制造业大国,双方也坚定地支持贸易自由化和投资便利化,双方经贸合作已超越社会制度和发展水平差异,形成资源禀赋和优势互补。中德双边贸易额由建交初期的不到3亿美元增至2023年的2531亿欧元,约占中国与欧盟贸易总额的三分之一,两国现在平均每天的贸易额约等于建交初期两年的贸易额。中德双边贸易额实现了逾800倍的跨越式发展,德国连续4年蝉联中国在欧最大贸易伙伴,中国连续8年成为德国在全球的最大贸易伙伴。今天,中德关系的发展已开启新征程,回顾过去,中德经贸合作互惠互利、硕果累累;放眼未来,中德双方将共同深化全方位战略伙伴关系,续写中德经贸合作新篇章,提升双边贸易与投资质量,共推中德关系迈上新台阶。

二、中德双边贸易发展历程及现状

(一)中德双边贸易发展历程

中国和德国长期以来在国际贸易领域存在合作,有记录的贸易往来可追溯到16世纪。1949年,新中国成立后,中德双边贸易进入新的阶段。

1949年,中华人民共和国、联邦德国相继成立,但尚未建立正式外交关系。该时期,中德贸易主要以民间活动为主,依托中国香港、英国等地开展间接贸易。1950年至1971年,中德贸易总额从0.19亿美元增长至2.13亿美元,贸易规模取得巨大进步。同时,在该阶段,中国在与联邦德国的贸易中为逆差国。

1972年,中国与联邦德国正式建交,为双方贸易合作奠定了民政治基础。1973年,两国政府签订"贸易与支付协定"、建立政府间经济政策磋商机制、中国改革开放战略对先进技术设备的巨大需求和开放的国内市场等因素均为两国经贸合作带来巨大发展机会,双边贸易实现迅速增长。到1989年,两国双边贸易额增至45.59亿美元。该时期,中国仍处于逆差地位,且逆差额呈不断扩大趋势。

1990年至2000年,联邦德国与民主德国实现和平统一,中德往来贸易范围进一步扩大。该阶段,国内市场扩大提高了德国进口需求,德国取消针对中国的贸易制裁致使双边贸易迈向正常化。1993年,中德两国贸易额突破100亿美元,德国成为中国排名第三的贸易伙伴,贸易额仅次于美国和日本。值得注意的是,在该时期,随着中国产业结构不断调整完善,商品国际竞争力持续提高,中国对德国的出口增速显著高于进口增速,贸易逆差逐渐缩小。

自2001年中国正式加入WTO之后,两国贸易开始朝着全方位、深层次、多领域方向迈进。该阶段,中国加大国内市场开放力度,降低关税,拓展对外贸易,优化产业结构,中德贸易全方位合作关系持续增强。2004年,中德两国在中欧全面战略伙伴关系框架下建立伙伴关系,两国经贸关系进一步深化。受2008年国际金融危机、2009年欧洲债务危机影响,德国对中国外贸的重要性凸显,德国对中国新兴市场的依赖程度加大。2011年,第一列集装箱货运班列驶离中国重庆,前往德国杜伊斯堡,标志着中国和欧洲之间的铁路货运新模式——"中欧班列"正式开通。《中欧班列发展报告(2021)》显示,截至2021年底,中欧班列开行4.9万列,其中俄罗斯、波兰、德国开行列数占总数的87.5%。中国至德国杜伊斯堡间往返开行的中欧班列数量,从最初的每周2—3列,增加到35—40列,为当地发展注入新的活力。2019年,中德双边贸易额1937.2亿美元,是2001年的近8倍。2022年,中德建交50周年之际,德国对中国出口约1070亿欧元,自中国进口约1910亿欧元,进出口总额达2,980亿欧元。中国连续七年成为德最重要贸易伙伴。

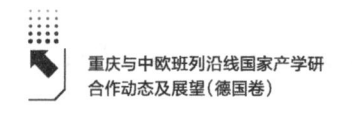

(二)中德双边贸易发展现状

1. 中德双边贸易总量分析

中国和德国同为世界贸易大国,整体分析双方贸易规模有助于我们了解中德贸易基本情况。1999—2022年间,中德双边贸易规模不断增大,增长速度较快,货物进出口贸易总额从1999年的161.15亿美元增长至2022年的2266.79亿美元,增长了13.9倍,年均增长率达到13.5%(见表1)。其中,2022年中国对德国的出口贸易额为1158.05亿美元,从德国进口贸易额达到1108.75亿美元,分别是1999年的14.89倍和13.3倍。可见,自中国入世以来,中德两国进出口贸易在总量上均实现大幅上涨。

整体来看,中德贸易出口额与进口额的变化趋势基本相同,但在个别年份,贸易额增速存在较大波动。2008—2009年,受到国际金融危机与欧债危机的负面影响,两国贸易增速出现大幅回落。而在2010年进出口增速回升至2007年前水平,说明两国在应对宏观经济环境冲击中取得显著成效。2012年是经济周期和政治周期的叠加年,国际经济环境严峻,全球经济增长缓慢,主要表现为:对于中国,正处于"十二五"规划的开局年,各地政府积极推进投资项目,通货膨胀较为严重;对于德国,正处于政府选举时期,各种不确定因素明显增加,对经济发展有较大的负面影响。令人欣喜的是,即使受新冠肺炎疫情影响,德国对华贸易额在2020年也增长了3.8%,并未像德国与其他国家的贸易那样在2020年出现负增长。

表1 1999-2022年中国和德国双边贸易额和增长率

年份	中国同德国进出口总额(亿美元)	中国同德国进出口增长率(%)	中国向德国出口总额(亿美元)	中国向德国出口总额增长率(%)	中国从德国进口总额(亿美元)	中国从德国进口总额增长率(%)	中德贸易差额(亿美元)
1999	161.15	12.10%	77.80	5.78%	83.35	18.73%	-5.56
2000	196.87	22.16%	92.78	19.26%	104.09	24.87%	-11.31
2001	235.26	19.50%	97.54	5.13%	137.72	32.31%	-40.18
2002	277.88	18.12%	113.72	16.59%	164.16	19.20%	-50.45

续表

年份	中国同德国进出口总额(亿美元)	中国同德国进出口增长率(%)	中国向德国出口总额(亿美元)	中国向德国出口总额增长率(%)	中国从德国进口总额(亿美元)	中国从德国进口总额增长率(%)	中德贸易差额(亿美元)
2003	417.34	50.19%	174.42	53.38%	242.92	47.97%	-68.50
2004	541.12	29.66%	237.56	36.20%	303.56	24.96%	-66.00
2005	632.50	16.89%	325.27	36.92%	307.23	1.21%	18.04
2006	781.94	23.63%	403.15	23.94%	378.79	23.29%	24.35
2007	940.97	20.34%	487.14	20.84%	453.83	19.81%	33.31
2008	1149.99	22.21%	592.09	21.54%	557.90	22.93%	34.19
2009	1056.36	-8.14%	499.16	-15.69%	557.19	-0.13%	-58.03
2010	1423.08	34.72%	680.47	36.32%	742.61	33.28%	-62.14
2011	1691.44	18.86%	764.00	12.28%	927.44	24.89%	-163.44
2012	1611.31	-4.74%	692.10	-9.41%	919.21	-0.89%	-227.11
2013	1614.98	0.23%	673.43	-2.70%	941.56	2.43%	-268.13
2014	1777.16	10.04%	727.03	7.96%	1050.13	11.53%	-323.10
2015	1567.78	-11.78%	691.55	-4.88%	876.23	-16.56%	-184.69
2016	1513.68	-3.45%	652.59	-5.63%	861.09	-1.73%	-208.50
2017	1680.75	11.04%	711.34	9.00%	969.40	12.58%	-258.06
2018	1838.14	9.36%	774.89	8.93%	1063.25	9.68%	-288.35
2019	1848.76	0.58%	797.89	2.97%	1050.87	-1.16%	-252.98
2020	1919.19	3.81%	868.08	8.80%	1051.11	0.02%	-183.03
2021	2350.89	22.49%	1151.75	32.68%	1199.14	14.08%	-47.39
2022	2266.79	-3.58%	1158.05	0.55%	1108.75	-7.54%	49.30

数据来源：中国统计年鉴及作者计算整理所得

近年来，中德贸易额约占中欧贸易总额的三分之一。中国资源禀赋更为富足、劳动力更加充裕,相应的德国制造业技术更为先进,双方较强互补性成为贸易合作的良好基础。在与德国的贸易往来中,中国呈现出明显逆差。中国从德国进口额及中国向德国出口额均维持较快增长速度,与中德贸易总额变动趋势基本相符。然而,在贸易差额方面,由于中国对德国出口增长速度加快,除了2005—2008年,中国对德国保持贸易顺差外,其余年份中,中国均处于逆差地位,且逆差金额有逐年加大趋势,双方贸易不平衡现象愈加凸显。

2. 中德双边贸易结构分析

在国际贸易中,对贸易商品按照所属行业进行分类,目前国际常用的标准分类法是《国际贸易标准分类》(SITC)第三版,具体分类可见表2。从资源禀赋角度看,SITC-5和SITC-7属于资本或技术密集型成品。依据表2分类,可对2008—2022年中德进出口贸易结构进行计算与分析。

表2 国际贸易标准分类(SITC)

分类	产品类别
初级产品	SITC-0 食品及活体动物
	SITC-1 饮料及烟类
	SITC-2 除燃料外的非食用原料
	SITC-3 矿物燃料、润滑油及相关原料
	SITC-4 动植物油脂及蜡
资本或技术密集型成品	SITC-5 化学品及其相关产品
	SITC-7 机械及运输设备
劳动密集型成品	SITC-6 轻纺、橡胶、冶矿产品及其制成品
	SITC-8 杂项制成品
其他	SITC-9 未分类其他商品

资料来源:《国际贸易标准分类》(SITC)第三版

(1)中国向德国出口产品结构方面

基于《国际贸易标准分类》(SITC),收集并整理德国联邦统计局公布的相关数据,可测算中国对德出口的各类产品贸易额占中国对德出口总额的比例,以此分析中国对德出口产品的结构。2008—2022年,中国对德国出口的结构变化较为稳定,排名前四位的分别是SITC-7(机械及运输设备)、SITC-8(杂项制成品)、SITC-6(轻纺、橡胶、冶矿产品及其制成品)、SITC-5(化学品及其相关产品)。这四类产品的出口额合计占比约为中国对德出口产品的95%左右,这说明中国对德国出口产品主要集中在资本或技术密集型制成品、劳动密集型制成品两大类型上。相应地,初级产品和未分类产品的出口额则较低。同时,2008-2022年间,中国对德国出口产品中,SITC-7(机械及运输设备)资本或技术密集型制成品占比由48.3%增长至52.3%,整体呈上升趋势,而SITC-0(食品及活体动物)、SITC-2(除燃料外的非食用原料)、SITC-8(杂项制成品)等初级产品及劳动密集型制成品占比则呈下降趋势,分别下降了0.5%、0.7%、11.5%。

为了深入分析中国向德国出口产品结构,本文进一步计算SITC二级分类下各类产品贸易额占中国对德国出口总额的比例并进行排序。经计算,可得出2008—2022年中国出口德国货物总额排行前10名的商品类别的变化。鉴于篇幅限制,本文仅列示出其中4年(2010、2014、2018、2022)的计算结果,如表3所示。2008—2022年,SITC-77(电机、仪器、电器)、SITC-75(办公和自动数据处理机器)始终稳居中国出口德国商品总额排行前两位。同时,SITC-84(服装和服装配件)、SITC-85(鞋类)等商品的出口比重下滑较大,SITC-76(电信、录音机音响设备和仪器)、SITC-51(有机化学品)、SITC-78(道路车辆)等商品的出口份额提升速度较快。

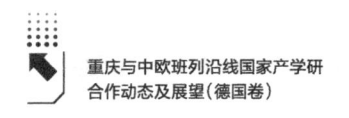

表3 中国向德国出口总额排行前10名商品变化
（2010年、2014年、2018年、2022年）

年份	第1名	第2名	第3名	第4名	第5名	第6名	第7名	第8名	第9名	第10名
2010	SITC-77 电机、仪器、电器	SITC-75 办公和自动数据处理机器	SITC-84 服装和服装配件	SITC-76 电信、录音机音响设备和仪器	SITC-89 杂项制品	SITC-79 其他运输设备	SITC-69 金属制品	SITC-74 一般工业机械和设备	SITC-85 鞋类	SITC-82 家具及其零件、床上用品、床垫
2014	SITC-75 办公和自动数据处理机器	SITC-77 电机、仪器、电器	SITC-76 电信、录音机音响设备和仪器	SITC-84 服装和服装配件	SITC-89 杂项制品	SITC-69 金属制品	SITC-74 一般工业机械和设备	SITC-85 鞋类	SITC-82 家具及其零件、床上用品、床垫	SITC-65 纺织纱线、织物、制成品
2018	SITC-77 电机、仪器、电器	SITC-75 办公和自动数据处理机器	SITC-76 电信、录音机音响设备和仪器	SITC-84 服装和服装配件	SITC-89 杂项制品	SITC-74 一般工业机械和设备	SITC-69 金属制品	SITC-85 鞋类	SITC-93 特殊交易和商品未分类	SITC-51 有机化学品
2022	SITC-77 电机、仪器、电器	SITC-75 办公和自动数据处理机器	SITC-76 电信、录音机音响设备和仪器	SITC-51 有机化学品	SITC-89 杂项制品	SITC-84 服装和服装配件	SITC-69 金属制品	SITC-74 一般工业机械和设备	SITC-78 道路车辆	SITC-87 专业、科学、控制仪器

数据来源：德国联邦统计局数据及作者测算所得

（2）中国从德国进口产品结构方面

本文也可通过测算中国从德进口的各类产品贸易额占中国对德出口总额的比例，来分析中国从德国进口产品的结构。2008—2022年，中国从德国进口的产品结构占比排名前四位的分别是SITC-7（机械及运输设备）、SITC-

5（化学品及其相关产品）、SITC-8（杂项制成品）、SITC-6（轻纺、橡胶、冶矿产品及其制成品）。其中，SITC-7类产品占比约为中国从德国进口产品的70%左右，远远高于其他类型产品。可见，中国向德国进口的产品主要集中在资本或技术密集型行业中，初级产品和劳动密集型产品较少。

经计算，可总结出2008—2022年中国进口德国货物总额排行前10名的商品类别的变化。同样，鉴于篇幅限制，本文仅列示出其中4年（2010、2014、2018、2022）的计算结果，如表4所示。2008—2022年间，SITC-78（道路车辆）商品始终处于中国进口德国货物总额排行第1位。德国联邦统计局发布数据称，2021年中国成为德国汽车的最大出口目的国，出口额达167亿欧元，占德国出口汽车总额的14.2%。SITC-7其他类型商品前后排序有小幅调整。值得注意的是，SITC-54（医药产品）、SITC-76（电信、录音机音响设备和仪器）等商品的排名明显提升。

总体来看，中国与德国一直都是彼此最重要的贸易合作伙伴。同时，对比中国与德国双边进出口产品结构构成，不难发现，中国对德国SITC-7类产品的依赖程度更高。可见，中德两国贸易以及德国技术出口的重要特点是在引进机械及运输设备的同时也引进相关技术。这是由中国和德国的现实国情决定的。德国工业起步较早，资本充裕、技术先进，是传统制造业大国强国，参与全球高端制造专业化分工。而中国工业化起步较晚，资本积累相对较少、技术仍处于赶超阶段。但令人欣喜的是，中国实施制造强国战略以来，制造领域资本稳步聚集，高精尖技术水平迅速提升，令制造业产品在德国市场上竞争力趋强，为中国高端产品国际竞争力奠定了重要基础。

表4 中国从德国进口总额排行前10名的商品类别的变化
（2010年、2014年、2018年、2022年）

年份	第1名	第2名	第3名	第4名	第5名	第6名	第7名	第8名	第9名	第10名
	SITC-78	SITC-74	SITC-72	SITC-77	SITC-87	SITC-73	SITC-71	SITC-79	SITC-69	SITC-68
2010	道路车辆	一般工业机械和设备	专用于特定行业的机械	电机、仪器、电器	专业、科学、控制仪器	金属加工机械	发电机械设备	其他运输设备	金属制品	有色金属

续表

年份	第1名	第2名	第3名	第4名	第5名	第6名	第7名	第8名	第9名	第10名
2014	SITC-78	SITC-77	SITC-74	SITC-72	SITC-87	SITC-79	SITC-73	SITC-71	SITC-69	SITC-54
	道路车辆	电机、仪器、电器	一般工业机械和设备	专用于特定行业的机械	专业、科学、控制仪器	其他运输设备	金属加工机械	发电机机械设备	金属制品	医药产品
2018	SITC-78	SITC-77	SITC-74	SITC-87	SITC-72	SITC-79	SITC-71	SITC-73	SITC-54	SITC-69
	道路车辆	电机、仪器、电器	一般工业机械和设备	专业、科学、控制仪器	专用于特定行业的机械	其他运输设备	发电机机械设备	金属加工机械	医药产品	金属制造品
2022	SITC-78	SITC-77	SITC-74	SITC-87	SITC-72	SITC-54	SITC-79	SITC-71	SITC-69	SITC-76
	道路车辆	电机、仪器、电器	一般工业机械和设备	专业、科学、控制仪器	专用于特定行业的机械	医药产品	其他运输设备	发电机机械设备	金属制造品	电信、录音机音响设备和仪器

数据来源：德国联邦统计局数据及作者测算所得

三、中德双边贸易发展的影响因素

（一）政治因素

多年来，中德两国高层保持密切沟通，双方领导人共同勾勒发展蓝图，使得中德关系一直走在中欧关系前列。2020年，时任德国总理默克尔来华访问，这也是默克尔第12次来访，两国领导此次会面达成多项共识，在经贸领域也取得重大进展。德国新政府成立后，中国国家主席习近平2021年12月21日应约同德国总理朔尔茨通电话。2022年3月，习近平主席同朔尔茨总理及法国总统马克龙举行中法德领导人视频峰会。2022年11月4日，朔尔茨总理对中国进行正式访问，习近平主席会见。朔尔茨总理是自2019年11月以来首位访华的欧盟国家领导人，同时也是中共二十大闭幕后首位访华的西方国家领导人。同济大学德国研究中心主任郑春荣表示，"朔尔茨此次访华释放了一个明确信号,即他反对和中国脱钩,希望加强中德、中欧之间的经贸合作"。2023年5月,德国总理外事顾问普吕特纳访华并表示,"德中关系基础稳固,我们对即将举行的新一轮德中政府磋商充满期待"。次月,应德国总理朔尔茨邀请,国务院总理李强赴德国举行第七轮中德政府磋商并对德进行正式访问。李强总理访德期间,在同两国经济界代表深入交流的同时,也能够起到吸引德国企业来华投资的作用。中德双边贸易之所以能够快速发展,得益于两国之间政治关系良好与经济领域互补,这也是中国一直以来积极推进高水平对外开放的结果。两国经济主体贸易往来合作共赢,也满足了双方市场需求。

(二)文化因素

中德人文交流的深度和广度都随着中德两国关系的发展而不断发展。早在1979年,中德两国就签订了文化交流协定。2002年4月,中德签署了《关于中德互设文化中心的会谈纪要》。2005年11月,双方签署了新的文化合作协定,柏林中国文化中心正式奠基。2010年7月,中德两国发布《关于全面推进战略伙伴关系的联合公报》,其第三部分主要涉及两国在社会文化方面的合作。2013年秋,习近平主席提出共建"一带一路"倡议。在该倡议下,中德共建人文交流取得较大成效。2014年10月,中德两国发表《中德合作行动纲要:共塑创新》,强调了文化交流对增进相互理解、促进双边关系发展的积极作用,两国决定继续深化教育和文化领域的合作。2017年正值中德建交45周年,中德之间举办了一系列庆祝建交周年活动,其中文化与艺术成为当年中德关系的亮点。2022年8月,为庆祝中德建交50周年,中国驻德国大使馆在柏林中国文化中心举办郎朗音乐会,德国前总统克勒夫妇、前总理施罗德夫妇及各界代表百余人参加。中德人文交流的多方位、深层次开展,促使两国不断建立新的合作机制,经贸合作额持续上涨,彼此间信任度和理解度提高,为贸易发展营造了良好的舆论环境。

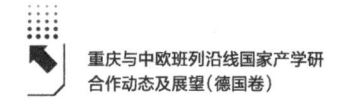

(三)经济因素

(1)中德经济发展程度

人均收入(即人均GDP)水平是衡量一个国家或地区经济发展水平的重要指标之一。同时,对于两个贸易伙伴来说,人均GDP水平与贸易合作程度密切相关。从需求角度来看,两国居民对产品的多样化需求会更加丰富,而潜在需求的大量增长又会刺激企业差异化产品生产,进而促进两国产业合作贸易朝着积极方向发展。

从供给角度来看,两国人均GDP绝对值增加,供给方的经济实力越强,越能够向市场提供更为优质的差异化产品,满足贸易伙伴的多元化需求。同时,随着中国经济高质量发展,中国人均GDP快速提升,与德国差距越来越小,这也有利于中德经济部门开展贸易合作,使中德贸易额保持高速增长态势。

(2)中德贸易互补程度

德国制造业发展水平很高,在世界范围极具竞争力。2013年,德国在汉诺威工业博览会上提出了"工业4.0"概念,主要是要实现智能制造,以期巩固全球制造业龙头地位和抢占第四次工业革命国际竞争先机。同时,中国经济增长模式也处于转型升级阶段。德国先进的技术水平能够帮助中国进一步加快工业现代化发展进程。德国拥有十分发达的工业技术,资金雄厚,但由于缺乏原料和能源,十分依赖进口。而中国资源、人力资本非常丰富,市场广阔,因此两国在经贸方面具有较强的互补性。双方贸易互补性,直接体现在中国与德国双边进出口产品结构构成上,中国更依赖于德国机械运输设备类产品,德国则更关注中国机械及运输设备、轻纺、橡胶、冶矿产品及其制成品、化学品及其相关产品等。经济方面的互补性使得两国愿意克服贸易壁垒与摩擦,积极推进双边贸易合作。

(3)中德双向直接投资

一般来讲,发达国家对发展中国家进行投资有利于两国开展贸易、加强合作。德国对中国直接投资,可利用中国充裕的生产要素生产产品并直接在中国本土市场出售,这种市场需求性投资行为可提升双方经济合作紧密程度。同时,德国也会利用中德各自的优势,以追求精确的专业化分工为目的进行投资,在各自区域进行专业化生产,形成规范化的分工体系。两国各自负责专业性产品生产,再进行商品交换与流动,这样就可促进两国贸易往来。还有一种情况是,中德跨国公司的母公司均可将生产线分散到资源禀赋、技术不同的国家,这样就能够使中德跨国公司通过中间产品生产、转移,进而与其分布在其他国家的子公司进行贸易合作。

四、中德双边贸易合作发展的对策和建议

(一)积极维护中德友好关系

与中国建交是时任德国总理勃兰特做出的正确决定,是中德两国在政治与经济领域合作取得巨大成功的开端。时隔50年之后,习近平总书记指出:"过去50年来,中德秉持相互尊重、互利共赢的精神,持续推进两国关系,努力为世界和平与发展作出积极贡献,谱写了携手同行、相互成就的篇章。"习近平总书记高度重视中德关系发展,表示"愿同施泰因迈尔总统一道努力,以两国建交50周年为契机,继往开来,推动中德全方位战略伙伴关系迈上新台阶,造福两国和两国人民"。中德两国政府应继续秉承相互尊重、平等对话、互利共赢的精神,并在此基础上进一步扩大双方在政治、经济、文化、教育和科技等领域的交流合作,不断健全完善协商机制,积极主动化解经贸摩擦,共同推进中德关系友好发展。

(二)继续加强中德人文交流

目前国际形势动荡不安,增加了中德关系的不确定性,令中德经贸合作面临前所未有的机遇与挑战。中德两国政府和企业应依托中德高级别合作沟通机制,令两国实现相互尊重、互惠互利,携手合作实现共赢的局面。两国可寻求更多人文交流共同点,通过艺术、教育、科技等方面的民间交流合

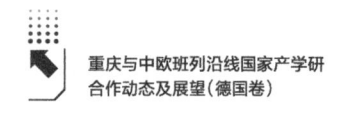

作,加强中德之间的文化输出与输入,增进两国人民对彼此的了解,进而以文化交流促进国际贸易合作。同时,中德两国需坚持扩大开放,共同维护多边贸易体系和国际贸易秩序,以推进两国贸易额总量扩张。两国唯有彼此信任,巩固和深化贸易合作,才能携手应对全球风险与挑战。

(三)深入挖掘中德经贸潜力

(1)提升经济增长质量

中国正处在全面建设社会主义现代化国家开局起步的关键时期,经济已由高速增长阶段转向高质量发展阶段,面对不稳定性、不确定性明显上升的外部环境和深刻复杂变化的国内发展环境,更要全面加强国内与国际、发展与安全、当前与长远、总量与结构等方面的关系,保持经济平稳健康可持续发展。一方面,经济高质量发展,能够使中国人均收入提升,进而提高国内对产品多样化的需求,刺激供给方差异化产品生产,促进中德贸易交流合作。另一方面,中国经济保持高质量增长,增强自身生产服务能力,更好地满足贸易伙伴的需求,亦有利于开展中德贸易合作。

(2)加强自身产品竞争力

中国企业需通过提升自身产品质量、技术水平,吸引德国及欧盟企业来中国寻求合作。同时,近年来中国对德出口的商品中技术和技术密集型产品所占比例越来越大,引发德国及欧盟市场竞争,刺激了其贸易保护主义,对中德贸易造成了不利影响。因此,中德除了继续开展货物贸易外,还应考虑加强服务贸易领域往来。中国也应继续加快调整产业结构,促进产业结构升级,提升产品质量,加快推进"中国制造"进程;也应该借鉴德国"工业4.0"战略,学习德国智能制造模式,推进中国工业现代化进程。目前,中德双方相互依存度、互补性越来越高,两国应抓住机遇,搭建智能制造合作平台,进一步加强双方在高精尖领域的合作。

(3)提高双边投资质量

要想实现中国工业现代化转型发展,优化中国对德国出口产品结构,需积极引导德国对中国实施高质量投资。其一，继续发挥中国充足劳动力与资源禀赋的传统比较优势，吸引德国资金和高新技术，通过德国投资为中国带来技术与资金的溢出效应，带动中国产业深层次升级与效能提升。其二，中国政府应积极引导德国投资方向，鼓励技术导向性投资、高附加值产品投资，加大智能制造、高精尖产业投资合作力度，以此实现中德技术、人员、管理等方面的全面协作，推动中德高质量贸易分工与合作。其三，在全球化经济合作趋势下，中国应鼓励具有实力的企业对德投资，拓宽投资渠道、扩大投资规模，在整合中德双边贸易分工的同时积极推动拓展国际市场。

参考文献

[1]黄孟菲.中德贸易的竞争性、互补性及贸易潜力研究[D].北京:外交学院,2022.

[2]肖勇.中德贸易合作的现状及前景分析[J].对外经贸实务,2017(07):33-35.

[3]宜善文,王赫.中德贸易竞争性与互补性研究[J].商业经济研究,2020(13):155-158.

[4]张俊玲,张玉泽,张晓青.基于引力模型的中德双边贸易现状及潜力评价[J].世界地理研究,2016,25(06):18-27.

[5]赵方钦.中德贸易发展现状及对策建议[J].现代商业,2023(10):51-54.

[6]第三次中德高级别财金对话联合声明[N].中国银行保险报,2023-10-07(01).

[7]习近平同德国总统施泰因迈尔就中德建交50周年互致贺电[N].人民日报,2022-10-12(01).

4

中国和德国双边贸易发展现状、影响因素和未来趋势

关海长 杨怡涵 吴淑文 熊 敏[①]

摘　要： 德国是欧洲最大的经济体和世界第四经济强国，也是欧盟人口最多的国家、对华投资金额和项目数最多的欧盟国家。德国主要在汽车及其配套工业、机械设备制造工业、电子电器工业、化工及制药业、信息与通信技术等领域具有优势。中德两国双边贸易的正常化推进了两国产业分工、互补、共赢格局的形成。本文从历史视角观察两国从建交以来的贸易发展变化，用对比法分析和探索影响因素，基于可持续理论研判未来发展趋势，提出可能的科学建议和策略。

关键词： 双边，贸易，合作共赢

自2016年以来，中国连续7年成为德国全球最大贸易伙伴。德国也是中国在欧盟最大的贸易伙伴，双向投资稳步发展。据《法兰克福汇报》报道，2022年中德贸易总额达到2980亿欧元。2023年7月，中国驻德国领事表示：稳定、成熟、可预期的中德关系不仅符合两国和两国人民的根本利益，也将引领中欧关系健康发展，为这个充满变数的世界增加更多确定性。[②]中德

[①] 关海长，重庆交通大学讲师、欧洲研究中心丝路建筑文化研究所所长，主要研究领域为城乡规划与社会发展、交通与环境。主持主研多项国家级和省部级课题。吴淑文，重庆交通大学研究生。杨怡涵、熊敏，重庆交通大学本科生。

[②] 驻德国大使吴恳在库卡集团成立125周年庆祝活动上的主旨演讲[EB/OL].[2023-07-20]. http://russiaembassy.fmprc.gov.cn/web/zwbd_673032/wjzs/202307/t20230724_11116997.shtml

两国应共同坚持对话合作、共同反对"脱钩断链",为两国企业持续友好合作创造基础和条件。

一、德国对外贸易发展情况

(一)德国国民经济现状

德国国土面积357582平方公里,全国人口8320万,占欧盟16%的人口创造了欧盟20%的生产总值。德国经济具有发展强势和高度多元的特征,服务业和加工工业是其支柱产业。

近年来,德国经济发展较为平稳,整体呈增长态势。2022年德国经济总量(GDP)达到4.07万亿美元,同比下降3.1%。2021年,德国GDP为4.21万亿美元,同比增长2.7%。2017—2021年,德国私人消费占GDP比重约为52%,2021年为49.4%;政府支出占GDP比重约为20%,2021年达22.6%;投资占GDP比重约为20%,2021年为22.3%;净出口占GDP比重约为8%,2021年为5.7%。

德国是自然资源较为贫乏的国家,除硬煤、褐煤和盐的储量丰富之外,在原料供应和能源方面很大程度上依赖进口,约三分之二的初级能源需进口。德国是世界贸易大国,同世界上230多个国家和地区保持贸易关系,全国近三分之一的就业人员从事与进出口有关的工作。根据德国联邦统计局的数据,2021年,德国进出口贸易总额为25777亿欧元,其中,出口总额13755亿欧元,进口总额为12022亿欧元,贸易顺差1733亿欧元。德国外贸产品结构反映了德国经济结构的特点,即以汽车、机械、化工和电气等产品为主,近几年,德国外贸产品结构十分稳定。

(二)德国的产业基础

德国是一个高度发达的资本主义国家,世界著名的高端制造业强国。德国是欧洲最大经济体,被誉为"欧洲经济火车头",经济总量位居欧洲首位。德国联邦统计局统计,2022年德国国内生产总值为32748.56亿欧元。德国社会保障制度完善,国民具有极高的生活水平。以汽车和精密机床为代表的高端制造业,是德国的重要象征。理性务实、科学严谨与追求卓越的民族精神也成就了享誉全球的德国制造。2018年,德国就已经成为全球最具创新力的经济体。

1. 汽车及其配套工业——汽车制造强国

德国是世界汽车制造强国,汽车是其最重要的出口产品。2021年,德国汽车及零部件总销售额约为4109亿欧元,同比增长8.7%。其中,国内销售额约为1370亿欧元,海外销售额约为2740亿欧元。德国与中国、美国、日本为世界四大汽车生产国。德国汽车行业的生存在很大程度上依赖海外市场。2021年德国出口乘用车237.4万辆,出口率高达76.7%。

2. 机械设备制造工业——第三大制造国

德国是世界第三大机械设备制造国,也是世界第一大机械设备出口国。2021年,德国机械设备全球销售额2210亿欧元,同比增长8.6%;出口额1794亿欧元,同比增长9.8%。德国约80%的机械设备产品销往国外,出口额约占世界机械出口总额的16%。在机械设备业31个产品领域中,德国在26个领域位列世界出口前三。

3. 电子电气工业——世界领先

德国拥有世界领先的电子电气工业。根据德国电子电气工业协会数据,2021年该行业销售额约为2004亿欧元,同比增长8.5%,其国内雇员总数约87.8万人,是德国第二大支柱产业。出口总额2246亿欧元,同比增长10.2%;前三大出口目的国分别是中国、美国和法国。每年的研发投入约占德国工业总研发投入的五分之一,是德国第二大研发投入领域,2021年研发投入197亿欧元。

4. 化工及制药业——世界最大的化工产品出口国

德国是欧洲排名第一、全球排名第三的化工制造国,同时也是世界最大的化工产品出口国,是欧洲首选的化工投资地区,拥有完善的基础设施、研究机构和高素质劳动力。根据德国化学工业协会数据,2021年德国化工及制药业销售总额2200亿欧元,同比增长15.5%;出口额2400亿欧元。

5. 信息与通信技术——欧洲第一、世界前列

就销售规模、产业范围、成长潜力、研究实力和员工素质而言,德国的信息与通信技术(ICT)产业位居欧洲第一、世界前列。根据德国信息技术、通信和新媒体协会(BITKOM)数据,2021年,德国ICT行业销售额达1784亿欧元,同比增长3.9%;从业人员125万人。德国有92%的家庭使用宽带互联网。德国拥有最优秀的ICT产业研究机构,具有高水平的集成及网络系统。弗劳恩霍夫协会是欧洲最大的信息与通信技术研究机构,所有重要的信息与通信技术制造商、运营商在德国都拥有研发实验室。

(三)德国对外贸易

1. 总量规模

2022年德国外贸总额为30522亿欧元,其中出口额15641亿欧元,进口额14881亿欧元,顺差760亿欧元。主要出口产品有汽车、机械产品、化工产品、通信技术、供配电设备和医学及化工设备。主要进口产品有化学品、汽车、石油天然气、机械、通信技术和钢铁产品。主要贸易对象是西方工业国,其中进出口产品一半以上来自或销往欧盟国家。多年来,德国一直是中国在欧盟的最大贸易伙伴。

从近30年的发展形势看,德国从1994年开始对外贸易总额不断增长,且在2008年时达到最高峰。金融危机对德国对外贸易造成了严重影响,随后德国对外贸易进入下降和反弹的波动状态,直到2022年,波动形态才呈现向上的趋势。

2. 顺差、逆差

德国近年来对外贸易总体表现出增长趋势,进口和出口商品价值同比增长,但贸易顺差却连续5年下降。2020年,德国对外贸易进出口总额为

25590.2亿美元，其中出口商品价值13858.52亿美元，进口商品价值11731.67亿美元，贸易顺差2126.85亿美元。2021年，德国对外贸易进出口总额为30602.75亿美元，其中出口商品为16356亿美元，进口商品14246.75亿美元，贸易顺差2109.25亿美元。2022年，德国对外贸易进出口总额为32421.99亿美元，其中出口商品价值16656.36亿美元，进口商品价值15775.64亿美元，贸易顺差880.72亿美元。数据详见附表1。

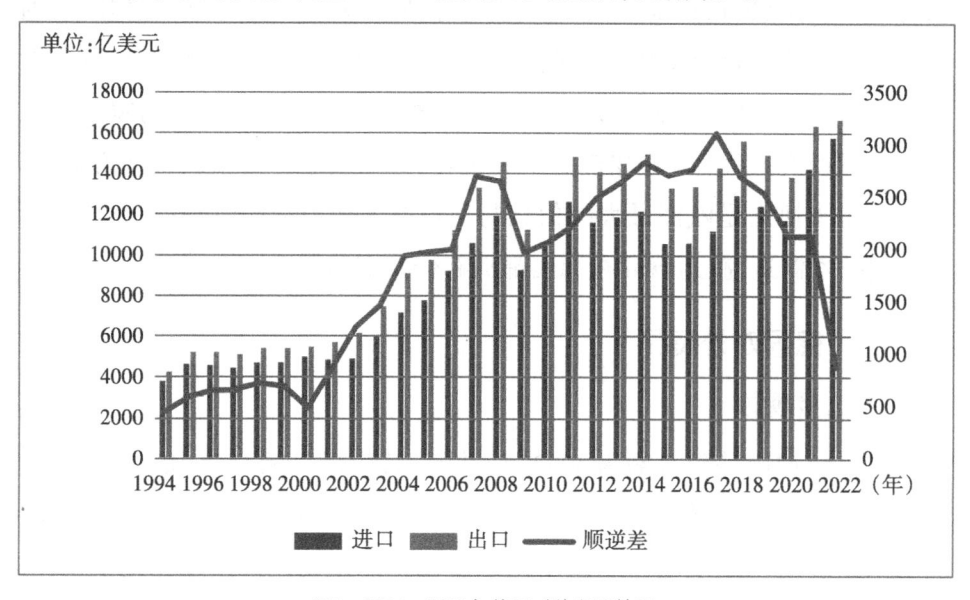

图1　1994—2022年德国对外贸易情况

3. 出口国分析

德国主要的出口国包括中国、美国、法国、荷兰、意大利、奥地利、英国、瑞士、比利时等国家，除中国外，出口市场在欧美国家。以2021年为例，美国、法国和中国排名前三，占比分别为8.84%、7.40%、6.75%；波兰和荷兰分别排名第四、五名，占比为5.64%、5.45%。排名相邻的国家之间所占比例差异不明显，显示出德国出口贸易的稳定性和均衡性。详见附表2。

4. 进口国分析

从进口来源国看，德国的主要贸易伙伴为中国、荷兰、波兰、美国、意大利、瑞士、奥地利、比利时、英国等国家，除中国外，其他几乎都是欧美发达国家。中国保持着德国第一大进口市场地位,以2021年为例,德国从中国的进口总额为1706.4亿美元,与排名第二的荷兰(1067.6亿美元)相差638.8亿美元,可以说,相当于波兰、美国、意大利等排名在第三、四、五位的国家进口额总量。详见附表3。

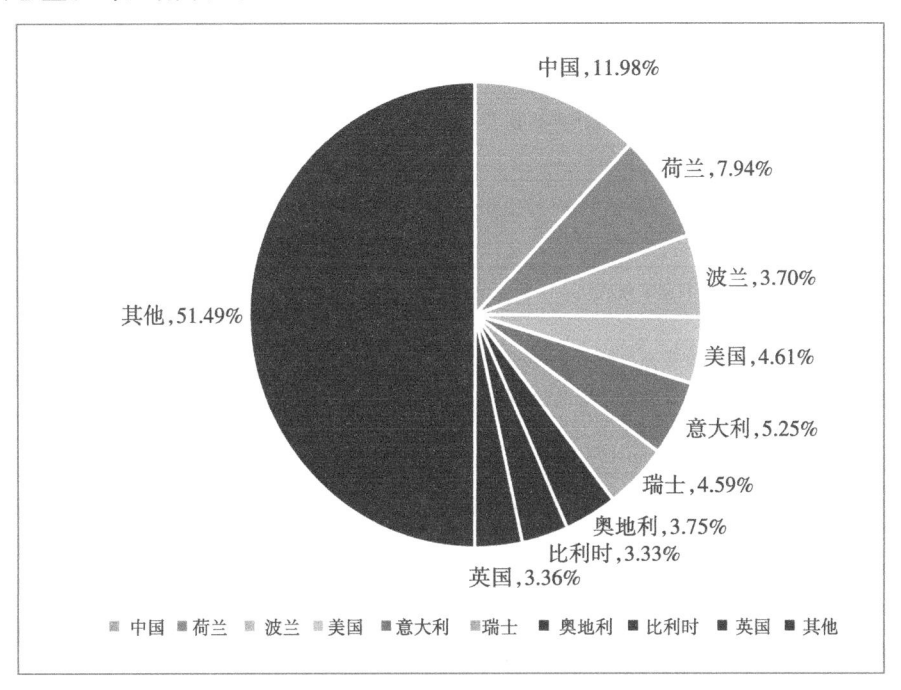

图2 2021年德国对外贸易进口国结构图

二、中国与德国双边贸易现状

(一)中德经贸合作发展脉络

自中德建交以来,两国政府为了推动双边经济贸易合作与交流,签订了一系列经济合作协定、技术合作协定、贸易投资协定、财政合作协定等互助条款,建立两国总理年度会晤机制、对话机制,签署联合声明,等等。创新体制机制、建立互信的合作伙伴关系保证了两国经贸合作健康有序稳步推进。经梳理,改革开放以来中德合作大事件详见表1。

表1 改革开放以来中德经贸合作大事件

时间	大事件	主要内容
1979	签订《中德两国政府经济合作协定》	成立双边经济合作联委会,是两国之间的第一个政府间双边经贸合作机制
1982	签订《中德两国政府技术合作协定》	开展全体会议以及能源、地质和原料、医药卫生工作组会议。审议了两国科学技术合作的现状和发展
1983	签订《中德关于促进和相互保护投资协定》	促进两国之间经济合作的发展,努力为缔约双方的投资人创造有利条件
1985	签订《中德两国政府财政合作协定》和《中德避免双重征税协定》	财政合作主要自然资源可持续利用、医疗、扶贫、轨道交通及金融等领域
1987	德中经济联合会(DCW)成立	致力于促进中德双边经贸合作
1993	德国政府制定"新亚洲战略",发布《亚洲政策纲要》并成立亚太经济委员会,其中对华政策是重点	指出亚洲在世界政治和经济方面的地位越来越重要,认为德国亟须在这一地区加强投入和影响力,明确经济关系是德国亚洲政策的中心,中国则是德国亚洲政策的重点
2000	签订新的《中德两国政府经济合作协定》	加强加深两国在经济、技术和工业领域合作关系
2003	签订新的《中德关于促进和相互保护投资的协定》	促进关于两国相互保护投资的协议
2004	建立两国总理年度会晤机制(官方)	宣布在中欧全面战略伙伴关系框架内建立具有全球责任的伙伴关系
2005	举行中德对话论坛(非官方)	按最初议定,论坛为年度会议,在两国轮流举办
2006	建立中德战略对话机制(官方)	旨在增进两国的战略沟通和政治互信,推动中德关系全面、深入发展。首轮战略对话2006年11月在北京举行
2008	成立德中经济贸易促进会(非官方)	协会依照德意志联邦共和国法律,面向中德经济贸易与文化发展,不受地区、部门、行业限制,是致力于德中经贸、文化发展的有关机构、组织、企业和个人共同组成的非营利性社团组织
2010	签署《关于加强中德服务企业合作的联合声明》《关于加强经济技术合作的联合意向声明》等	中德政府磋商机制自2011年启动以来,在不断充实中德战略伙伴关系的内涵、拓展中德务实合作范围、从顶层规划两国关系等方面发挥了重要作用
2011	签署《关于便利和促进中德双向投资的联合声明》	促进中德双向投资

续表

时间	大事件	主要内容
2012	签署《关于进一步促进双向投资的联合声明》《关于建立中德经济顾问委员会的联合声明》	促进双向投资便利化,推动中德科技合作伙伴关系发展,密切原材料领域合作,促进政府采购市场准入自由化,保护知识产权,开展经济可持续发展合作和促进企业合作
2014	签署《中德发展合作谅解备忘录》《中德在市场监管与产品安全方面开展合作的谅解备忘录》;根据《中德合作行动纲要》,两国正式启动中德高级别财金对话机制(官方)	政府磋商机制和高层互访对继续发展双边关系、贯彻中德合作行动纲要具有指导意义。行动纲要应适时进行复核和修订。此纲要符合《中欧合作2020战略规划》精神,两者相互促进,并有利于建设中欧和平、增长、改革、文明四大伙伴关系
2020	中欧领导人会晤	会议中,中国国家主席习近平作出三点论断:中国要和平不要霸权;中国是机遇不是威胁;中国是伙伴不是对手。提出三点主张:中欧要做维护全球和平稳定的两大力量;要做推动全球发展繁荣的两大市场;要做坚持多边主义、完善全球治理的两大文明
2021	慕尼黑安全会议视频会	就当前人类社会面临的各种全球性挑战阐明中国坚持多边主义、深化国际合作的看法和主张
2022	德国总理朔尔茨访华并与中方高层会晤	德国总理朔尔茨在中方高层访问期间的表态和协议签署中展现了中德之间的务实合作关系,并为两国之间的友好对话奠定了基础。朔尔茨的表态不仅是一份务实的大礼,也减弱了美国对中国的围堵政策影响,中德合作的深化将为两国带来更多机遇,也有助于促进全球经济的繁荣与稳定。希望中德两国能够继续加强合作,共同推动构建开放、包容和合作的国际秩序

(二)中国与德国进出口货物规模

1. 中国与德国进出口总额情况

中德建交之初,双边贸易额仅为2.72亿美元,此后逐年递增,2021年双边贸易额已达2350.89亿美元,是1972年的864.3倍,年均增长率达17.62%。中德贸易额除了在2009年、2013年与2015年有过短暂的下跌之外,其余年份均呈现出强劲增长的态势。中国在大多数年份保持着逆差地位,双方在近十年基本实现了贸易平衡。

在世界性新一轮工业革命中,德国率先提出了"工业4.0"战略,中国为了工业创新发展也提出了具有自己特色的"中国制造2025"发展战略,在此背景下双方贸易规模持续扩大,贸易结构也渐渐发生变化。双方产业内贸易合作,也越来越频繁。

2021年,中国在欧洲的进出口总额中,近五分之一都来自德国。数据显示,近年来,中德贸易往来不断加深,双边贸易总额大幅增长。自2012年以来,德国就是中国在欧洲最大的贸易伙伴,2021年中德进出口总额创新高,达2350.89亿美元,占中国与欧洲进出口总额的19.9%。

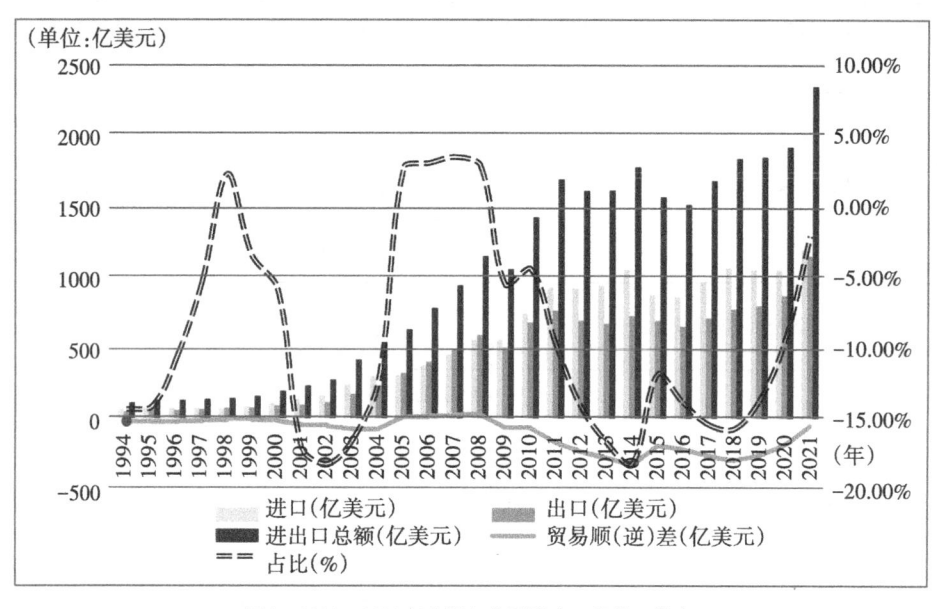

图3 1994—2021年中国与德国进出口贸易一览表

2. 中国与德国进出口总额情况

中国与德国双边贸易的商品总额呈较快的增长态势。特别是1997年至2011年期间,两国双边贸易的商品货值从126.78亿美元增长到了1691.44亿美元,年平均增长率为20.3%。2011年到2021年,两国双边贸易商品总额增加到了2350.89亿美元。截至2021年,中国已经连续6年成为德国最重要的贸易伙伴。2022年,受新冠疫情等外部环境影响,中国与德国进出口商品总额为2266.79亿美元,略低于2021年。

3. 中国自德国进口情况

中国自德国进口额在近几年保持着较为稳定的水平,波动向上的趋势。德国是我国关系密切的贸易伙伴,2022年,中国从德国进口货物总额为1113.98亿美元,2021年中国从德国进口货物总额为1195.33亿美元,同比下降6.79%。详见表2。

表2 1994—2022年中国与德国双边贸易货值一览表

年份	进口额(亿美元)	出口额(亿美元)	总额(亿美元)	贸易顺(逆)差(亿美元)
1994	71.37	47.61	118.98	−23.76
1995	80.38	56.71	137.09	−23.66
1996	73.24	58.43	131.67	−14.81
1997	61.81	64.97	126.78	3.16
1998	70.21	73.54	143.75	3.34
1999	83.35	77.80	161.15	−5.56
2000	104.09	92.78	196.87	−11.31
2001	137.72	97.51	235.23	−40.21
2002	164.16	113.72	277.88	−50.45
2003	242.92	174.42	417.34	−68.50
2004	303.56	237.56	541.12	−66.00
2005	307.23	325.27	632.50	18.04
2006	378.79	403.15	781.94	24.35
2007	453.84	487.44	941.28	33.60
2008	557.90	592.09	1149.99	34.19
2009	557.64	499.20	1056.84	−58.45
2010	742.51	680.47	1422.98	−62.04
2011	927.26	764.00	1691.26	−163.26
2012	919.33	692.13	1611.46	−227.20
2013	941.57	673.43	1614.99	−268.14

续表

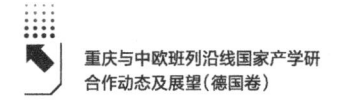

年份	进口额(亿美元)	出口额(亿美元)	总额(亿美元)	贸易顺(逆)差(亿美元)
2014	1050.13	727.03	1777.16	−323.10
2015	876.23	691.55	1567.78	−184.69
2016	861.09	652.14	1513.23	−208.95
2017	969.40	711.34	1680.75	−258.06
2018	1063.24	774.89	1838.13	−288.34
2019	1050.87	797.89	1848.76	−252.98
2020	1051.11	868.07	1919.18	−183.03
2021	1195.33	1141.01	2336.34	−54.33
2022	1113.98	1162.27	2276.25	48.29

数据来源：http://comtrade.un.org/

(三)中国与德国贸易顺差逆差

德国是我国在欧洲最大的贸易伙伴，2021年中国对德国商品进出口总额为2350.89亿美元，从德国进口商品1199.14亿美元，出口商品1151.75亿美元，中国对德国的贸易逆差为47.39亿美元，同比下降74.1%。从表2中可以看出中国与德国的贸易在大部分情况下都处于逆差的状态，在2005—2008年这个阶段中国与德国的贸易处于顺差。

(四)中国自德国进口的产品分析

中国自德国进口商品主要包括汽车及配件，机械设备，数据处理及电子光学设备，电气设备，化工产品等。以2021年为例，中国自德国进口的电机、电气、音像设备及其零附件货值达到了211.07亿美元，核反应堆、锅炉、机械器具及零件货值达到了247.97亿美元，车辆及其零附件(不含铁道车辆)达到了314.33亿美元，分别占比为17.6%、20.68%、26.21%。详见表3。

表3　1994—2021年中国自德国进口的主要产品

单位：亿美元

年份	电机、电气、音像设备及其零附件	核反应堆、锅炉、机械器具及零件	车辆及其零附件，但铁道车辆除外	光学、照相、医疗等设备及零附件	航空器、航天器及其零件	药品	塑料及其制品	钢铁制品	有机化学品	杂项化学产品
1994	8.80	27.27	2.93	2.04	0.02	0.43	1.12	1.82	1.34	0.57
1995	9.04	30.57	3.91	2.42	0.02	0.67	1.37	1.94	1.55	0.77
1996	9.13	33.77	2.45	2.74	0.05	0.94	1.40	1.12	1.47	0.81
1997	10.64	24.30	3.24	2.94	0.13	0.93	1.56	1.61	1.45	0.92
1998	12.88	25.96	3.13	3.08	1.17	0.82	1.66	1.38	1.77	0.92
1999	15.60	27.60	2.06	3.28	0.28	0.57	2.12	1.08	2.35	1.38
2000	16.81	26.67	4.49	3.63	3.68	0.64	3.12	1.44	3.08	1.82
2001	19.53	36.08	9.63	4.81	4.05	0.75	3.87	2.44	2.78	1.99
2002	20.00	49.89	17.81	7.12	3.72	0.94	4.34	3.86	2.90	2.70
2003	28.34	71.87	35.37	10.40	4.87	1.03	6.43	4.16	4.38	3.36
2004	39.53	99.52	29.55	14.27	9.84	1.09	9.46	6.60	6.21	4.93
2005	37.84	92.29	24.34	16.16	16.16	1.17	12.47	9.12	7.70	5.90
2006	50.66	110.39	42.63	21.29	21.29	1.69	13.99	11.33	7.81	6.90
2007	62.64	127.35	58.33	18.18	18.18	3.12	17.28	14.56	9.36	7.04
2008	78.79	160.10	74.18	20.33	20.33	6.02	20.25	18.84	10.27	9.22
2009	74.56	160.17	86.76	27.23	27.23	6.74	20.71	15.69	9.35	8.23
2010	95.01	206.26	172.85	31.64	31.64	7.86	26.87	14.64	12.60	10.61
2011	112.94	266.63	236.48	28.64	28.64	11.57	28.28	17.21	14.30	12.83
2012	102.43	220.73	240.47	34.37	34.37	15.39	28.46	16.50	12.64	13.23
2013	116.22	224.10	230.61	36.04	36.04	18.60	29.66	19.35	13.83	12.53
2014	137.92	233.12	275.83	41.63	41.63	20.48	30.16	22.96	12.47	13.15
2015	116.75	180.23	196.63	36.07	36.07	24.40	30.66	17.50	11.69	11.78
2016	125.91	166.71	220.89	68.17	46.58	25.90	30.96	16.85	12.12	12.26

续表

年份	电机、电气、音像设备及其零附件	核反应堆、锅炉、机械器具及零件	车辆及其零附件,但铁道车辆除外	光学、照相、医疗等设备及零附件	航空器、航天器及零附件	药品	塑料及其制品	钢铁制品	有机化学品	杂项化学产品
2017	150.71	209.38	238.11	81.27	49.85	29.82	32.09	18.58	13.16	14.10
2018	175.13	241.48	284.39	93.32	47.60	33.30	32.41	19.82	16.87	15.33
2019	173.53	227.47	271.48	92.04	49.30	45.98	33.28	16.86	15.68	14.50
2020	189.45	224.84	279.48	98.34	37.37	47.22	33.76	16.15	15.30	14.94
2021	211.07	247.97	314.33	111.00	46.00	55.05	38.20	17.41	15.55	19.64

数据来源:http://comtrade.un.org/

(五)中国对德国出口的产品分析

中国对德国出口商品主要包括机械器件、数据处理及电子光学设备、电气设备、服装、机械设备、金属产品等。从2021年中国对德国出口的主要产品来看,排名前三的商品类别为核反应堆、锅炉、机械器具及零件(257.7亿美元);电机、电气、音像设备及其零附件(206.4亿美元);家具,寝具等,灯具,活动房(62.08亿美元),分别占比为22.37%、17.92%、5.39%。1994—2021年中国对德国出口的主要产品货类详细贸易数据参照表4。

表4 1994—2021年中国对德国出口的主要产品货类

单位:亿美元

年份	核反应堆、锅炉、机械器具及零件	家具;寝具等;灯具;活动房	电机、电气、音像设备及其零附件	非针织或非钩编的服装及衣着附件	针织或钩编的服装及衣着附件	光学、照相、医疗等设备及零附件	有机化学产品	钢铁制品	塑料及其制品	车辆及其零附件,但铁道车辆除外
1994	3.34	1.16	7.01	5.57	1.34	0.91	3.07	1.51	0.88	0.28
1995	4.37	1.53	8.78	5.42	1.43	1.48	3.54	2.06	1.26	0.37
1996	4.92	1.50	9.00	4.64	1.43	1.48	3.45	1.99	1.25	0.57
1997	5.11	1.63	10.50	4.95	1.77	2.60	3.54	2.42	1.68	0.56
1998	6.79	1.75	11.75	4.70	1.90	3.40	3.31	2.54	2.01	0.81

续表

年份	核反应堆、锅炉、机械器具及零件	家具;寝具等;灯具;活动房	电机、电气、音像设备及其零附件	非针织或非钩编的服装及衣着附件	针织或钩编的服装及衣着附件	光学、照相、医疗等设备及零附件	有机化学产品	钢铁制品	塑料及其制品	车辆及其零附件，但铁道车辆除外
1999	7.99	2.28	15.75	4.60	2.15	3.84	3.29	2.54	2.03	1.05
2000	9.31	2.91	24.00	4.60	2.31	4.97	3.29	3.12	2.37	1.58
2001	12.11	3.01	25.46	4.29	2.19	4.51	3.53	2.98	2.25	1.84
2002	17.81	3.30	32.12	5.51	2.43	4.06	3.93	3.38	2.54	2.00
2003	40.25	4.96	48.12	8.16	3.50	4.82	4.93	3.38	3.40	2.56
2004	61.71	6.68	67.29	10.17	4.31	7.44	6.02	6.11	4.16	3.44
2005	84.30	9.10	87.91	17.32	10.10	9.13	7.53	7.78	5.43	5.06
2006	100.75	10.44	1.19	20.77	11.84	11.71	7.53	9.81	5.95	6.45
2007	120.83	15.28	109.83	20.77	16.49	12.06	10.96	9.81	7.28	9.86
2008	146.82	18.92	122.22	33.13	25.94	15.09	13.00	15.14	8.04	12.92
2009	146.82	19.03	132.50	30.88	27.49	14.70	16.71	9.17	7.24	11.05
2010	142.15	25.03	115.98	37.84	39.67	18.99	17.77	9.17	9.50	14.07
2011	155.90	25.03	178.22	46.01	51.65	22.67	16.90	15.96	12.61	15.84
2012	155.90	25.03	168.39	36.94	38.28	27.40	17.46	15.27	14.92	15.87
2013	154.74	38.68	131.78	39.33	38.47	24.41	18.81	15.27	15.13	16.90
2014	168.30	41.24	130.79	44.26	39.50	26.43	18.12	15.27	15.98	17.12
2015	153.43	42.36	144.58	38.01	32.17	29.44	26.01	15.27	15.95	17.53
2016	144.97	36.57	141.78	31.59	27.79	28.61	17.53	15.27	15.23	19.04
2017	173.78	36.74	152.98	30.75	26.80	31.48	20.23	16.86	16.89	23.24
2018	183.78	39.50	172.08	32.01	27.21	35.67	26.01	19.72	20.55	26.49
2019	179.25	44.29	184.00	28.50	25.02	35.95	25.40	21.17	21.11	27.71
2020	189.33	47.02	206.44	27.74	22.07	35.52	23.97	21.23	23.04	30.45
2021	257.66	62.08	206.44	28.90	27.88	43.11	32.05	32.86	31.92	52.85

数据来源：http://comtrade.un.org/

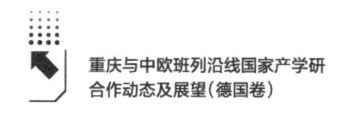

三、中国与德国双边贸易的影响因素

(一)逆全球化的保护主义思潮

国际局势动荡不安,逆全球化的保护主义思潮不断抬头,给中德贸易带来一定危害。德国一直都把欧洲视为对外政策的核心,坚持对中国实施反倾销调查等的贸易保护主义。总之德国出于增强本国商品竞争力和国内市场优先原则,对中国出口产品进行了一系列贸易限制措施,使两国贸易壁垒不断增多,阻碍了两国贸易合作进程。此外,德国作为欧盟的一员与其他成员国之间一直都保持着内部贸易,再加上其关税同盟的排他性,都严重地阻碍了中德两国进一步拓展贸易合作关系。

(二)俄乌冲突的影响

俄乌冲突不仅对俄罗斯和乌克兰两个国家产生了影响,同时也对欧洲的局势产生了影响,俄乌冲突爆发之后,中德在安全和军事问题上产生的分歧加剧,虽然中德经贸发展前景广阔,但是基于俄乌冲突的影响,德国对外政策发生了改变,直接影响了中国和德国合作关系的发展。

(三)科技变革和产业转型的影响

德国不仅是欧洲经济实力最强的国家,同时也主导着整个欧洲发展的版图。受到欧盟和俄乌冲突的影响,德国在能源上依赖俄罗斯,俄乌冲突让德国遭遇能源危机。德国由于市场、供应链都受中国影响太深,所以提出摆脱对华依赖。世界大环境的影响,造成了中德两国的合作受阻。

四、未来发展趋势

(一)中德贸易将持续增长

根据中国和德国两国进出口贸易发展的演变规律来看,两国双边贸易持续增长的趋势还将延续。前文已经提及,两国在车辆及其零附件、电机电气设备、机械设备、光学设备等零附件诸多产业方面处于互补状态,2022年进出口贸易规模超过2980亿欧元,这为双边贸易保持较大规模奠定了厚实的基础,符合两国经济发展和生活需要。

中国和德国都有企业在对方境内投资建厂,两国企业的投资和跨区跨境产业联动将推动中德双边贸易可持续发展,进而推动两国双边贸易的快速发展。

(二)中德贸易结构将进一步优化

中国与德国双边贸易不仅规模会扩大,贸易结构也将会进一步优化,两国贸易商品的数量和质量都在提升,涵盖了车辆制造、机械设备、电机电气设备及零部件附件,以及医疗药品、有机化学品、塑料及其制品等。比如在机械设备上表现为不同等级产品或产业上的合作关系,初级产品与高级产品的互补关系。两国还将加强服务贸易和数字贸易,不断促进两国在供应链、产业链上的深度合作,实现互利共赢。

(三)中德发展机遇和挑战

"一带一路"的推进,为中国与德国双边贸易提供了便利,双方通过共商共建共享等合作机制,推动了共建"一带一路"国家之间的经济与贸易合作。德国对华实际投资额居欧盟国家之首,据有关统计数据,截至2021年2月底,中国累计批准德国企业在华投资项目11370个,累计投入365.5亿美元。投资项目主要集中在化工、汽车、金融、电子电气、制药和零售等领域。中国在德中资企业超过2000家,集中在机械制造、运输、汽车零部件、新能源、电信和贸易等领域。

同时,中国与德国的经贸发展也面临着诸多挑战,主要有两个方面:一方面是国际地缘政治关系的不稳定不确定性约束了两国推进"一带一路"合作进程。俄乌冲突以及国际环境的不确定性,使双边经贸合作受到较大影响,特别是局部性物流通道运行受阻或不畅导致经贸合作中断,间接导致双边贸易货品的运输成本提高和风险增大。另一方面,科技革命和产业变革背景下的国际产业分工,将不断创新合作业态和发展模式,特别是数字化的电子商务、人工智能的物流运输和绿色发展要求等,为双边贸易展现出了美好的合作前景。与此同时,未来国际贸易的一个重要趋势是形成自由贸易区和区域全面经济伙伴关系,他们通过消除国际贸易壁垒和贸易限制,促进了商业交流和合作。比如区域全面经济伙伴关系(RCEP)是亚太地区的自由贸易协定,由中国、澳大利亚、日本、韩国、新西兰等15个国家组成,重在为地区的企业和贸易创造更加优化的贸易体系和更大的贸易机会。

附表1　1994—2022年德国对外贸易情况一览表

年份	进出口总额(亿美元)	进口(亿美元)	出口(亿美元)	贸易顺(逆)差(亿美元)
1994	8086.39	3815.39	4271.00	455.61
1995	9878.42	4641.45	5236.97	595.51
1996	9828.66	4587.00	5241.66	654.66
1997	9579.36	4454.96	5124.40	669.45
1998	10147.82	4712.26	5435.55	723.29
1999	10163.36	4735.01	5428.36	693.35
2000	10504.37	5008.30	5496.07	487.77
2001	10574.49	4860.22	5714.27	854.05
2002	11064.47	4904.50	6159.97	1255.47
2003	13502.92	6017.61	7485.31	1467.70
2004	16298.92	7181.50	9117.42	1935.92
2005	17569.51	7798.19	9771.32	1973.13

续表

年份	进出口总额(亿美元)	进口(亿美元)	出口(亿美元)	贸易顺(逆)差(亿美元)
2006	20441.76	9222.13	11219.63	1997.49
2007	23881.49	10593.08	13288.41	2695.34
2008	26500.45	11925.82	14574.63	2648.81
2009	20547.35	9288.91	11258.44	1969.53
2010	23284.15	10606.72	12677.43	2070.71
2011	27453.91	12615.88	14838.03	2222.14
2012	25713.94	11612.48	14101.46	2488.98
2013	26382.39	11873.02	14509.38	2636.36
2014	27131.54	12149.15	14982.38	2833.23
2015	23860.36	10575.36	13285.00	2709.64
2016	23981.19	10608.82	13372.37	2763.54
2017	25502.86	11196.57	14306.29	3109.72
2018	28551.45	12927.26	15624.19	2696.93
2019	27331.64	12398.97	14932.67	2533.69
2020	25590.20	11731.67	13858.52	2126.85
2021	30602.75	14246.75	16356.00	2109.25
2022	32431.99	15775.64	16656.36	880.72

附表2　2021年德国对外贸易出口国一览表

排名	国家	出口额	增幅	所占比重
1	美国	1446.10	1.51%	8.84%
2	法国	1210.00	16.65%	7.40%
3	中国	1103.70	−10.70%	6.75%
4	波兰	923.11	24.52%	5.64%
5	荷兰	891.20	−18.13%	5.45%

续表

排名	国家	出口额	增幅	所占比重
6	意大利	887.49	28.40%	5.43%
7	奥地利	814.97	22.03%	4.98%
8	英国	773.93	1.16%	4.73%
9	瑞士	737.25	11.42%	4.51%
10	比利时	605.48	22.53%	3.70%
11	其他			42.57%

数据来源：http://comtrade.un.org/

附表3 2021年德国对外贸易进口国一览表

排名	国家	进口额	所占比重
1	中国	1706.40	11.98%
2	荷兰	1067.60	7.49%
3	波兰	668.15	5.70%
4	美国	656.10	4.61%
5	意大利	615.73	5.25%
6	瑞士	538.23	4.59%
7	奥地利	440.26	3.75%
8	比利时	390.52	3.33%
9	英国	394.28	3.36%

数据来源：http://comtrade.un.org/

5

德国制造业"隐形冠军"企业发展特征及对重庆的启示

伏 虎[1] 周 雷[2]

摘　要： 源自德国的"隐形冠军"企业概念与中国"专精特新"、"小巨人"企业概念等具有相似的内涵,德国"隐形冠军"企业的成功实践,在重庆大力推动实体经济和制造业高质量发展背景下具有积极借鉴意义。本文在追踪研究中梳理和提炼德国制造业"隐形冠军"企业发展转型的动态特征,在比较研究中总结其对中国"专精特新"企业的借鉴启示,并进一步研判在中德合作框架下重庆制造业的可能机会,包括在细分垂直领域的直接对接、基于重庆龙头企业与德国"隐形冠军"企业的业务对接、依托行业协会商会与德国"隐形冠军"企业的经验互鉴等,同时提出了相关操作性建议。

关键词： "隐形冠军"企业,实体经济,研发支持政策

"隐形冠军"企业是对一类市场专注型企业的概括,其提法源于德国实践及相关研究,与之类似的还有"利基企业"(美国)、"中坚企业"(韩国)、"高利基企业"(日本),以及中国的"小巨人"企业、"专精特新"企业等(邱石等,2021)。本文在追踪研究中梳理和提炼德国制造业"隐形冠军"企业发展转型的动态特征,在比较研究中总结其对中国"专精特新"企业的借鉴启示,并进一步研判在中德合作框架下重庆制造业的学习模仿空间与可能机会。

---

[1] 伏虎,副教授/博士,中共重庆市委党校(重庆行政学院)。
[2] 周雷,助理研究员/硕士,北京市科学技术情报研究所。

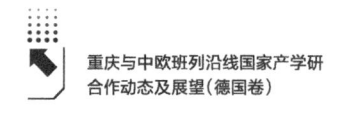

一、"隐形冠军"企业及其概念在中国演进的研究综述

"专精特新"企业聚焦"缝隙市场"、培育细分领域核心能力，具有连接产业链"断点"、疏通"堵点"、打造"生长点"等鲜明优势，对于解决关键技术领域"卡脖子"难题，提升中国制造话语权意义重大，也是重庆市近年来高质量发展的重要破题路径。

2019—2022年，国家工业和信息化部（以下简称"工信部"）共发布四个批次专精特新"小巨人"企业，累计认定8997家，其中，第一批复核通过155家，第二批认定通过1584家，第三批认定通过2930家，第四批认定通过4328家。从体系结构看，"专精特新"企业作为统称，可视为一个"金字塔"体系结构。如果将塔基视为广义的广大中小企业，上一层具有"专业化、精细化、特色化、新颖化"特征的被称为"专精特新"中小企业，再上一层的"专精特新"中小企业中的佼佼者，以其"专注于细分市场、创新能力强、市场占有率高、掌握关键核心技术、质量效益优"等特色，被命名为专精特新"小巨人"企业，再上一层的塔尖是"单项冠军"（也称"隐形冠军"）。

"隐形冠军"（Hidden Champions & Invisible Champions）系Herman Simon最早提出并推广使用的概念（Simon，1992），其内涵历经微调，但普遍认为包括以下特点：产品和服务具有高门槛，具备自主定价能力，在全球市场占有率排名前三或在大洲级市场排名第一，具备较高的营业额（Jungwirth，2010；Lee，2009）。可以看出，规模性、行业领先性是"隐形冠军"企业的基础特质，同时"隐形"强调这些企业多处于产业链中上游、不直接与最终消费者产生关联，导致往往不为人知、在公众前"隐形"。作为学术概念和思想的"隐形冠军"，为中小企业提供了有别于传统"做大规模""模仿大型企业"的新思路。该领域相关研究起源和发展于德国，是与德国制造业基础、制造业企业特征高度关联的。

德国"隐形冠军"的成长经验有许多值得我们学习和借鉴之处。"专精特新"强调的是企业的发展模式，是获取"隐形冠军"这一市场地位的发展路径,两者的描述方式不同,但目标一致,都是通过提高质量和技术水平,增强企业核心竞争力。毫无疑问,德国"隐形冠军"在成长过程中重视教育和基础科学、确立了合理的人才战略、视制造业为立国之本以及重视产业集群和企业家集群等举措对我们发展"专精特新"小巨人企业极有价值。

中国学界于2003年注意到"隐形冠军"概念并将其引入国内(许惠龙,康荣平,2003),结合中国国情于2011年形成了与之类似但侧重有所不同的概念"专精特新"企业。"专精特新"企业聚焦"缝隙市场"、培育细分领域核心能力,具有连接产业链"断点"、疏通"堵点"、打造"生长点"等特色。在政策实践中形成了"专精特新"小巨人企业、制造业"单项冠军"企业、"隐形冠军"企业三类表述(许晓凤,2020)。习近平总书记多次强调,要"加快培育一批'专精特新'企业和制造业单项冠军企业",这是构建新发展格局、实现高质量发展的重要推手。具体到重庆,具有工业基础雄厚、侧重中间产品生产、面临实体经济加速做强等诸多有利机遇,应该也正在将"隐形冠军""专精特新"企业作为重要发展方向。为此,就需要在追踪研究中梳理和提炼德国制造业"隐形冠军"企业发展转型的动态特征,在比较研究中总结其对重庆制造业尤其是"专精特新""小巨人"企业的借鉴启示。

以2012年美国GE公司发布"工业互联网"、2013年德国提出"工业4.0"、2015年中国提出"中国制造2025"为标志,第四次工业革命已经悄然而至。从客户个性化需求出发,定制化的生产技术、复杂的流程管理、庞大的数据分析、决策过程的优化、行动的快速执行构成了第四次工业革命的主体。在第四次工业革命来临时,我们已经拥有了与发达国家同等的话语权,也是第四次工业革命形成过程中不可忽视的倡导者和驱动者。当然,必须清楚地意识到全球价值链体系之中,我们的竞争力与创新能力还不够,尤其是在核心技术领域被"卡脖子"的情况仍然比较严重。目前,我们需要借鉴德国制造的经验,梳理"隐形冠军"企业的成功密码,从而为中国尤其是重庆制造业培育更多的"专精特新"企业。

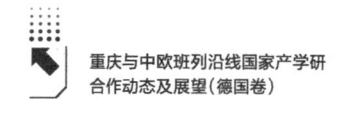

二、当前德国"隐形冠军"企业发展特征

今日的"专精特新",明日的"隐形冠军"。"专精特新"产业政策旨在通过培育更多隐形冠军企业,解决关键技术领域"卡脖子"难题,"隐形冠军"是"专精特新"企业发展的重要目标,因此德国"隐形冠军"企业集聚的发展经验是重庆的重要参考。德国制造业"隐形冠军"企业有自身独特性,近年来呈现四个新特征。

一是德国拥有全球近一半的"隐形冠军"企业,呈区域性高集聚特征。按照2021年数据,全球3千家"隐形冠军"企业中德国即占到近1400家,美国、日本均为300家左右。各国情况见图1所示。

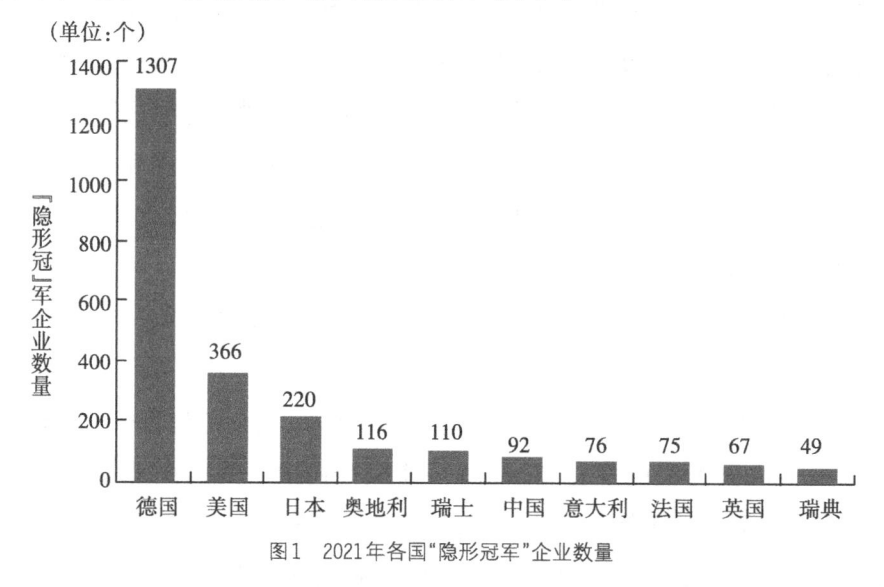

图1 2021年各国"隐形冠军"企业数量

（单位：个）

国家	隐形冠军企业数量
德国	1307
美国	366
日本	220
奥地利	116
瑞士	110
中国	92
意大利	76
法国	75
英国	67
瑞典	49

二是行业分布"较为传统"。德国"隐形冠军"企业的共性特点都在于传统行业,其中机械制造业占四分之一以上,电子电气、金属制造加工、医药化工等行业均占一成以上,且在传统行业长期深耕形成了自身的"护城河",避免陷入"红海市场"。

三是企业普遍"长寿"。从德国现有"隐形冠军"企业的存续时限来看,其中接近四成的"隐形冠军"企业存续时长超过100年,这意味着长期在特定领域深耕积累,且自身的技术壁垒避免了被大型企业冲击取代。

四是普遍注重"科创"。从专利数量看,德国现有"隐形冠军"企业的企均发明专利相当于行业均值的五倍以上,这也是其处于传统行业并保持"长寿"的背后成因;从研发投入看,德国现有"隐形冠军"企业研发经费占营收规模的比重是同行业企业的十倍以上,由于"隐形冠军"企业主要面向行业下游的企业用户,其营销、财务、管理等期间费用较低,主要支出集中于研发领域。

三、重庆"专精特新"企业与德国"隐形冠军"企业发展的比较研究

我国目前的产业政策中,对"专精特新"企业从高到低,按照市场占有率、创能能力、企业规模等设立了4个层级。由于"隐形冠军"是"专精特新"企业发展的重要目标,"专精特新"企业更接近于"隐形冠军"的前期形态,因此本文用具有地域代表性的"专精特新"企业与德国"隐形冠军"企业开展比较研究,更有助于识别出可供指引操作的问题。

截至2022年9月,重庆市拥有国家专精特新"小巨人"企业257家,仅次于北京市、上海市、深圳市、宁波市,居全国第5。为此,本文在国内选择北京、重庆,在多维比较中识别发展动态及其问题。

(一)技术创新能力:创新产出规模梯级发展良好,但开放程度不够、协同性差

在创新产出方面,头部企业领先海外水平。如北京市"企均专利"数量,依次从"市级专精特新中小企业"30件,增至"国家级单项冠军"805件,梯级发展良好,且"单项冠军"类企业创新产出有优势,其专利数量已相当于同类德、日"隐形冠军"企业的3倍。重庆每万人口发明专利拥有量达到13.21件,低于全国平均水平,企均专利数量在"单项冠军""专精特新"中小企业中更低。

在创新质量方面,专利的作用发挥空间有待拓展。北京全系列企业PCT专利数量及占比、专利施引次数、同族专利数量、专利申请国数量,显著低于德、日企业,表现为技术领域分散,在专业领域内影响力较弱。而重庆的上述数据又远低于北京。在对比中发现,德国整合外部智力资源、系统性提升中小企业创新质量等做法可供重庆市借鉴,包括中小企业双向研发补贴制度、科研机构预算与其服务的中小企业研发成效"挂钩"等。其中,"中小企业双向研发补贴制度"强调"政府对中小企业开展的研发项目进行补贴,同时对于该项目内承担外协的高校再给予与外协经费额度相同的补贴",与传统定向补贴、大型企业直补相比,是更适合特色中小企业的培育模式。

表1 与德、日"隐形冠军"企业技术创新能力比较

观测维度	指标名称	单位	市级"专精特新"中小企业	市级"专精特新"小巨人企业	国家级"专精特新"小巨人企业	国家级"单项冠军"企业	德、日"隐形冠军"企业
创新规模	企均专利数量	件	28.1	50.0	70.0	805.0	283.6
	人均专利数量	件/百人	28.0	32.1	32.0	35.0	11.6
创新质量	PCT专利占比	%	0.3	2.3	0.6	3.3	23.8
	企均PCT数量	件	0.1	1.1	0.4	27.0	67.9
	专利平均施引次数	次	0.6	0.6	0.9	1.3	5.2
创新辐射力	平均同族专利数量	件	1.2	1.5	1.4	1.6	6.0
	专利平均申请国数量	个	3.0	8.3	3.9	8.1	54.7

数据来源:Derwent专利数据库,本文整理

在技术创新开放方面,研发主体间联系不够密切。从合作申请专利占比可以看出,只有国家级"单项冠军"企业(17.9%)接近德、日合作水平(21.1%),其他企业差距较大,是"研发合作水平低"的集中反映。特别是"企

业间合作",是重庆协同创新的突出短板,"专精特新"企业整体的合作程度仅相当于德、日同类指标的两成。"企业间合作"在缩短创新时间、降低创新成本、分散创新风险等方面,具有突出而不可替代的价值。重庆市可参考德国各州"鼓励中小企业成立技术研发联盟"等经验,通过政府评估、指导、资助、奖励等方式引导企业间技术合作。

表2 与德、日"隐形冠军"企业技术创新开放程度比较

观测维度	指标名称	单位	市级"专精特新"中小企业	市级"专精特新"小巨人企业	国家级"专精特新"小巨人企业	国家级"单项冠军"企业	德、日"隐形冠军"企业
创新开放度	合作申请专利占比	%	8.1	9.8	10.5	17.9	21.1
	和高校合作专利数量	件	0.8	1.9	2.5	109.0	0.6
	和企业合作专利数量	件	1.4	3.0	4.9	35.1	57.8

数据来源:Derwent专利数据库,本文整理

(二)市场辐射能力:京、渝等地"专精特新"企业的市场范围局限于国内

在市场辐射方面,北京、重庆等企业市场主要面向国内,这在"企均跨国下属机构"指标中有所体现。即便重庆市"单项冠军"企业规模已经接近德日"隐形冠军"企业水平,但海外机构数量占比仍较低。可供对比的是,德国为了打破中小企业面临的品牌知名度低、市场环境陌生、海外投资风险大等"出海"困境,通过地方政府组建专业推介公司、在目标市场设立分支机构等做法,开展政府间联络、法律咨询、商务设施服务、产品推介等服务工作,降低企业"出海"门槛。

表3 与德、日"隐形冠军"企业市场辐射能力比较

观测维度	指标名称	单位	市级"专精特新"中小企业	市级专精特新"小巨人"企业	国家级专精特新"小巨人"企业	国家级"单项冠军"企业	德、日"隐形冠军"企业
辐射基础	企业人员规模	人	107	156	220	2388	2450
	企均下属机构数量	个	2.3	3.6	3.8	40.9	17.7
辐射广度	企均跨区域下属机构数量	个	1.2	2.4	2.5	29.0	5.0
	企均跨国下属机构数量	个	0	0	0.1	2.4	12.7
	企均跨国下属机构占比	%	0	0	0.6	5.9	71.2
	企均跨大洲下属机构数量	个	0	0	0	1.2	6.3

数据来源：Orbis企业数据库

（三）区域集聚发展水平：成渝地区、京津冀区域制造业在总体规模、行业集聚、出口份额等方面存在明显短板

在区域制造业总体规模上，京津冀、成渝地区制造业规模在全国占比仅7.3%、6.3%，远低于德国巴符州、北威州和日本东京—横滨地区18%—25%的水平。

在行业集聚水平方面，德、日"隐形冠军"聚集地区除拥有享誉世界的龙头企业外，在本地区也形成了技术创新网络，如德国巴符州围绕奔驰、博世、巴斯夫等企业，形成了汽车、化工产业集群。

在地区出口份额方面，京津冀、成渝地区出口额只占全国的7.2%、4.6%，与德国巴符州、北威州的出口额占比相去甚远，产品和服务输出不足在一定程度上制约了重庆企业的突破式发展。

表4 与德、日隐形冠军企业区域制造业发展水平比较

观测维度	指标名称	单位	京津冀地区[①]	德国巴符州	德国北威州	日本东京—横滨
总体规模	制造业规模占比	%	7.3	18.8	19.2	25.2
	制造业规模密度	千万元/平方公里	3.2	7.9	7.9	17.6
	高及中高研发制造业规模占比	%	6.9	25.7	25.3	—
	高及中高研发制造业规模密度	千万元/平方公里	1.4	6.7	6.0	—
行业集聚	龙头企业数量	个	524	91	149	1254
	高技术制造业龙头企业数量	个	168	23	34	236
	高技术集群数量[②]	个	1	4	3	3
出口份额	出口总额占比	%	7.2	21.6	16.6	—
	高及中高研发制造业出口额占比	%	6.8	23.6	14.2	—
	高及中高研发制造业出口额密度	千万元/平方公里	0.2	3.4	2.2	—

数据来源：根据各地区统计数据年鉴整理所得

四、对标德国"隐形冠军"企业，重庆制造业的内在需要与对接机会

对重庆而言，学习借鉴德国"隐形冠军"企业发展经验，是践行党中央要求、根植本地实际、破解发展难题的重要手段，也是在建设科创中心的背景下、持续发展壮大实体经济的重要路径。

中央有要求。习近平总书记多次强调，要"加快培育一批'专精特新'企业和制造业单项冠军企业"，为重庆市高质量发展提供了重要遵循。同时，2022年重庆首次将"专精特新"写入政府工作报告，提出"着力培育'专精特新'企业，在资金、人才、孵化平台搭建等方面给予大力支持"。

[①] 为了与国际数据统一，采用的是2019年的统计数据。
[②] 世界知识权组织（WIPO）《2020年度创新报告（GII）》中的技术创新集群数量。

各地有行动。2022年以来,已有九个省份密集出台了"专精特新"专项规划,重庆市也提出"到2025年,市级'专精特新'企业和国家专精特新'小巨人'企业分别达到2500家和300家"的目标,当下数量短板亟须在对照取经中完善。

重庆有需要。作为老工业基地和先进制造业基地,"专精特新"是重庆市工业高质量发展的必由之路。为此,要强化企业主体地位,加大研发投入和技术攻关力度,积极培育发展"专精特新"企业。

当下有短板。尽管重庆市企业在工信部"专精特新"榜单中入选数量全国排名第5,但在行业分布、企业能级、技术储备等方面短板仍然明显,具体表现为创新链"协而难同"、产业链"融而难合"、供应链"通而不畅"等,重庆亟须提升产业政策精准度和效度。

近年来,中德两国双向投资发展迅速,特别是通过开展智能制造交流合作活动,引入和借鉴其制造业"隐形冠军",与重庆基础和发展需求高度契合。2019年至2021年,重庆持续牵头举办中德智能制造合作论坛,在中德合作框架下,基于德方"隐形冠军"的对接,对重庆制造业意味着至少三类学习模仿空间与可能机会。

一是基于细分垂直领域的"重庆—德国"制造业企业直接对接。德国在传统制造业领域、智能制造领域的既有优势中孕育了大量"隐形冠军"企业,与重庆"汽摩集群""笔电集群"存在产业链上下游协同关系,在技术领域、产业链位置及细分行业资源供给等方面存在大量交集。在供应链、产业链协同联动的当下,垂直领域的"重庆—德国"制造业企业可以通过外商直接投资(FDI)的方式直接对接。

二是基于重庆龙头企业与德国"隐形冠军"企业的业务对接。重庆市制造业企业正值转型升级的重要窗口期,在"双循环"新发展格局中迫切需要统筹国内国外两个市场。与德国"隐形冠军"开展业务对接,有助于规避上述限制,有利于重庆市制造业企业通过收购、相互持股等方式获得技术领域弯道超车的机会。

三是依托行业协会商会与德国"隐形冠军"企业的经验互鉴。重庆市制造业集群在"走出去"的过程中,迫切需要基于产业图谱的隐性知识,对德国"隐形冠军"企业进行跟踪挖掘,这也可为相关行业协会商会提供便利。

五、借鉴德国"隐形冠军"企业经验,助推重庆制造业发展的建议

国别比较下的"双向对接"是重庆市制造业企业汲取先进经验,对接全球尤其是西欧市场网络,突破关键核心技术的重要方式。

(一)借鉴德国经验,创新重庆"专精特新"企业支持性政策,加速育化"隐形冠军"企业

借鉴德国经验,通过增设"专精特新"企业科研项目、优化现有的"专精特新"服务券分配机制等方式,创新重庆"专精特新"企业支持性政策,在建设"具有全国影响力的科技创新中心"的背景下缔造新优势。

一是整合"专精特新"企业的研发支持政策。建议增设"专精特新"企业科研项目,以适应此类企业技术含量高、研发需求强、发展规模小、增长速度快的特殊情况。该举措能为"专精特新"企业提供贴合需求并适应特点的针对性政策供给,解决其科研项目支撑不足的问题。

二是细化产业支持目录,强化对细分领域潜在"专精特新"企业的挖掘。建议从基础原材料、工艺、元器件等方面,将本市相关产业支持目录继续向下细化至三级目录,避免原目录口径过粗,无法识别出细分行业、特定领域,导致潜在的"专精特新"企业被忽视。比如,在某些小批量战略基础材料领域,现有产业支持目录中无法识别出潜力企业。

三是建议优化现有的"专精特新"服务券分配机制。在科研项目申请、高精尖产业设计中心认定、首制首试首用保障、产业链上下游配套保险服务等支持政策中,对"卡脖子"技术、国家重大战略需求给予更多倾斜。建议"服务券"等政策适当与产品的战略属性、国际市场影响力挂钩,尽量减少产

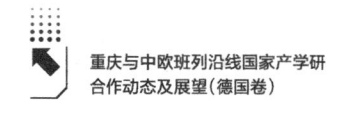

量、营收规模因素的影响和制约,突出对潜力企业的扶持。

(二)提升科研院所与企业的技术合作网络密度

一是建议设立中小企业和高校联合申请科研项目专项资金,以及高校和中小企业双向研发补贴、科研机构预算奖励等机制,引导、鼓励、支持高校、科研机构与企业开展协同合作,推动公共研发资金的"先导性创新成果"向行业、产业、区域转移,从而以知识外溢惠及更多本地"专精特新"企业。

二是建议推行中小企业创新集群的做法,鼓励供应链、产业链上下游企业成立技术研发联盟,通过"以点带面"的形式,成套攻克"卡脖子"技术、定制产品、特殊工艺、特种装备等难题。在此过程中,政府应加强评估指导,遴选优秀联盟进行持续资助,引导联盟逐步从研发攻关向实体化发展,逐步构建立足重庆、服务成渝的研发合作网络。

三是建议在重庆与德方的知识技术交流中,提升科研院所与企业的技术合作网络密度,包括设立渝欧联合项目专项资金、推行中小企业创新集群等。海外专利布局是中国"小巨人"企业的共性短板,也是影响其专利保有密度、产业效率的关键瓶颈。建议围绕重庆现有产业链、创新链分类施策,构建保护"小巨人"企业成长为全球领军企业的"护城河"。积极推动重庆市优秀"专精特新"中小企业参与国际科技组织、标准机构和其他相关非营利性科技组织等的活动,充分利用境外创投机构、高端创新机构、行业领军企业与平台型企业来渝发展机遇,搭建重庆"专精特新"中小企业发展的桥梁。

(三)抓住国际性经济中心城市建设机遇,提高企业外向发展能力

依托中欧(中德)合作平台,提高重庆制造业外向发展能力。具体措施包括支持"专精特新"企业开展保税研发、政府牵头提供高水平开放交流公共平台、整合组建新的企业海外推介服务中心等。

一是支持"专精特新"企业开展保税研发,提升其面向海外的技术研发能力。建议依托双城经济圈中的综合保税区,支持"专精特新"企业成立研发实验室、设计中心,对于共性需求的研发服务项目,政府支持设立创新的

孵化平台、中试验证平台,同时鼓励企业开放自有仪器设备设施。丰富"重庆市知识产权公共服务平台"应用场景,面向"小巨人"企业举办高校院所对接活动,做好许可使用费定价指导、许可后产业化配套服务。对标《创新管理——知识产权管理指南(ISO56005)》,为"小巨人"企业提供国际标准宣贯解读、课程培训、能力测评、案例分享等综合服务,运用标准化手段持续提高企业创新能力和效率。

二是由政府牵头提供高水平开放交流公共平台。用好重庆市作为中西部国际交往中心的优势,结合国际学术会议、国际展览展会,以及科技组织落户等工作,搭建与国内外科技界、商业界的高端交流平台,支持"专精特新"企业参加参与各行业国际标准组织、国际会议,打造本市"专精特新"企业展览展示品牌活动。提升企业主营业务的知识产权贡献度。依托国家专利密集型产品备案认定试点平台,加快推进专利密集型产品备案工作,引导和支持"小巨人"企业符合条件的主导产品通过试点平台进行备案认定,推动"专精特新"企业成为促进专利密集型产业发展的主力军。

三是整合组建新的企业海外推介服务中心。重庆市以主动推介和专业服务,助力企业"扬帆出海"。着眼于为企业提供公共性、专业化的产品推介、技术合作、商务资讯等服务,提升其国际化经营能力。

(四)着眼双城经济圈,拓展重庆市"专精特新"企业的发展空间

借力"一带一路"、RCEP协定等重要平台和机遇,支持企业不断扩大海外市场份额,从"专精特新"迈向全球"隐形冠军"。

一是用好自贸区及成渝地区、西部产业合作平台,支持重庆市"专精特新"中小企业入圈、进平台,避免起步期"单打独斗",助力其在成长期加快形成技术"护城河",包括"总部—生产基地""园区共建""整体搬迁"等。

二是对接"毗邻地区发展合作平台",为重庆市"专精特新"中小企业前瞻性地拓宽产业承载空间,协同布局技术链、创新链、产业链、供应链,提升重庆未来的产业国际竞争力。加快构建"小巨人"企业专利导航服务机制。依托国家专利导航综合服务平台,进行重庆市专利导航服务基地布局,聚焦

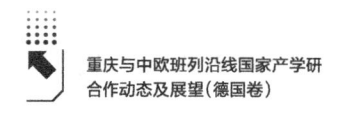

优势领域开展专利导航,加强产业发展方向、定位、路径分析,助力企业做好知识产权风险防控。

三是面向川渝乃至西部打造"区域产业技术联盟",探索"政产学研用金"服务链有效下沉和高效递送的新机制,推动重庆市"专精特新"企业等的主体集聚。探索依托"区域产业技术联盟"识别和对接"专精特新"企业科技创新需求新机制,加强联盟内企业间联系,推动联盟实体化发展,不断厚植产业的创新生态。

六、小结

本文基于"隐形冠军"的产业网络比较借鉴,拓展了产业发展国别研究的具体领域,有助于重庆"专精特新"企业形成新的发展动能。同时,在追踪研究中梳理和提炼了德国制造业"隐形冠军"企业发展转型的动态特征,在比较研究中总结出对重庆"专精特新"企业的借鉴启示,分析出了中德合作框架下重庆制造业的学习模仿空间与可能机会。

进一步的研究空间包括:一是在分析的基础上,形成重庆市"隐形冠军"企业特征研判(识别四个"图谱":产业图谱、创新图谱、人才图谱、专利图谱)。二是中德合作视角下的问题审视(聚焦四"链":产业链、价值链、供应链、创新链)。三是重庆市现有"隐形冠军"政策效果及其缺口评价(瞄准四类:技术扶持政策、财政金融政策、人才政策、创新环境政策)。四是提出进一步促进重庆"隐形冠军"企业创新发展的政策设计(围绕上述维度展开)。

参考文献

[1]张璠,王竹泉,于小悦.政府扶持与民营中小企业"专精特新"转型——来自省级政策文本量化的经验证据[J].财经科学,2022(01):116-132.

[2]张宏斌.金融赋能"专精特新"的逻辑与路径[J].中国金融家,2021(11):52-53.

[3]董志勇,李成明."专精特新"中小企业高质量发展态势与路径选择[J].改革,2021(10):1-11.

[4]孙卫东,吴志才."专精特新"战略与中小微企业发展的正向效应——来自常州市的例证[J].江南论坛,2019(07):10-12.

[5]宁波市信息中心经济预测部课题组.秉持核心竞争力走"专精特新"发展道路 牢牢掌控本行业的"领导力"和"话语权"——宁波单项冠军企业及隐形冠军企业发展模式分析[J].宁波经济(三江论坛),2018(03):20-24.

[6]张睿,石晓鹏,陈英武."专精特"小巨人企业培育路径研究——以苏南地区为例[J].中国工程科学,2017,19(05):97-102.

[7]徐天舒,朱天一.中小制造企业"专精特新"导向评价指标体系设计——基于苏州200家"隐形冠军"企业的实证分析[J].科技与经济,2017,30(03):16-20.

[8]马骏.提升上海"专精特新"中小企业国际竞争力的对策研究[J].科学发展,2017(04):21-28.

[9]胡晓丽.新常态下中小企业的突围之道——论"专精特新"的经营模式[J].中国市场,2015(43):49-50.

[10]刘昌年,梅强."专精特新"与小微企业成长路径选择研究[J].科技管理研究,2015,35(05):126-130.

[11]张兵,梅强,李文元.江苏省中小企业专精特新发展影响因素研究——以镇江市为例[J].科技管理研究,2014,34(11):80-83.

[12]李天舒."专精特新"中小企业的基本特征和培育机制——以上海市为例[J].特区经济,2012(07):67-69.

[13]邱石,康萌越,张昕嫱,等.探寻德国"隐形冠军"成长之路[J].中国工业和信息化,2021(12):12-16.

[14] Simon Hermann. Lessons from Germany's midsize giants[J]. Harvard Business Review, 1992, 70(2):115-122.

[15] G. Jungwirth. Die marketing-strategien der mittelständischen österreichischen weltmarktführer[J]. Strategien von kleinen und mittleren Unternehmen,Köln,2010:179-199.

[16] LEE J W. The exploration of new business area in the age of economic transformation: A case of Korean 'hidden champions' small and medium niche enterprises[J]. The Korean Small Business Review, 2009, 31(1):73.

[17]许惠龙,康荣平.隐形冠军:全球最优秀的公司[J].管理世界,2003(07):150-152.

[18]许晓凤."专精特新"小巨人、制造业单项冠军、隐形冠军的比较研究[J].中国质量监管,2020(07):70-73.

6

德国《供应链法》的背景、动机及其对中国的影响评估

冯檬莹/Mengying Feng 任世荣[1]

摘 要: 针对与供应链相关的环境保护问题和人权问题,欧洲各国推出了"人权法",德国也颁布了《供应链法》。德国颁布此法旨在恢复自身经济,加强绿色供应链管理,将国家责任转嫁给企业等。该法对在德国有子公司的外国企业和德国公司在其他国家的供应商或合作商产生了显著影响。这对中国企业来说既是机遇也是挑战,我们应该积极应对,提升自身的竞争力。

关键词: 企业社会责任,可持续发展,人权问题,环境保护,绿色供应链体系

企业作为社会经济体的中坚力量,在创造经济价值的同时,奠定了社会可持续发展基础。鉴于企业社会责任(Corporate Social Responsibility)的深远影响,各国立法者尝试将其纳入法律体系,为企业社会责任的履行提供法律支持。

早在2011年6月,联合国一致通过了《联合国工商企业与人权指导原则》(以下简称"指导原则"),随后各个国家都开始摸索推行自己的发展模式。2015年,英国推出了《现代反奴隶制法案》,2017年,法国颁布了《尽职调查法》,荷兰于2021年颁布了《关于负责任和可持续地进行国际经营的立

---

[1] 冯檬莹/Mengying Feng,重庆交通大学教授、Roehampton Uniuevsity访问学者、巴渝学者、重庆市学术技术带头人,主持和主研多项国家社科、自科基金项目以及省部级项目。主要研究领域为低碳物流、绿色供应链管理和数字供应链等。任世荣,重庆交通大学研究生。

法建议》，这些立法旨在提升人在商业活动中的地位，并且扩大了供应链整个链条的责任义务范围。在部分欧盟成员国已完成国内立法而欧盟相关指令立法尚未最终定型的背景下，德国也开始起草自己的相关法律，相继在2020年3月10日和2021年2月28日公布并修订了《德国供应链尽职调查义务法》，在2021年6月11日，德国联邦议院通过了该法，简称《供应链法》，并于2023年1月1日和2024年1月1日分阶段生效。

2021年6月11日由联邦德国议院通过的《供应链法》是德国立法者在这一领域迈出的重要一步，它将企业在其供应链中的人权价值、环境保护的行动从自律约束转变为了法律约束。

一、背景

德国《供应链法》对两类公司会产生影响，一类是在德国有子公司的外国企业，另一类是德国公司在别的国家的供应商或合作商。显而易见，该法的颁布会对跨国公司的运营产生明显的影响。跨国公司对国际社会做出了巨大的贡献，既推动了科技创新、社会进步，又提升了人们的整体生活水平（李卓伦，2022）。21世纪以来，公司社会责任制在国际社会上引起了广泛关注，虽然跨国企业能够推动整个国际社会的进步，但是在公司运作过程中，破坏环境、无视人权保护、用户数据泄露等问题时有发生。

从环境保护方面来看，跨国公司提升自身的环保技术会给东道主国家带来有利的影响，但近年来，跨国公司频繁被指责通过外国子公司或通过控制供应链企业转移污染，对东道主，特别是不发达国家的环境造成破坏（Anderson，2001）。针对这种情况，田泽华（2022）认为主要有两种应对方法，一种是设立相关法律强制跨国公司执行更为严格的环境标准；另一种是通过为受害者提供一定的法律救济，让受害者通过法律途径获得相应的权益。就目前的国际形势来看，第一种方式是相对比较有效的。因为在跨国司法领域,揭开公司"面纱"的制度仍未在国际层面形成广泛认可的统一标准,而且跨境环境侵权诉讼中的管辖权和法律适用问题存在较高的不确定性。沈百鑫(2021)认为对于西方国家,科技进步和法制完善是他们环境治理成功的主要原因。在德国环境政策发展初期,存在着两种观点,一种认为要是靠设立法律来强制监督,另一种认为要通过大力发展科技来改善环境。这两种观点在不同的层面都是有利于环境保护的。张璐璐(2016)认为战后德国为了大力发展经济,不惜以牺牲环境为代价,最终导致经济与环境的发展方向相背离,随后环境保护成为当时德国发展的目标。德国便开始了环境法的制定,从教授版草案到独立专家委员会版草案再到环境法典初稿,最终到了第16届立法周期中的环境法典,这些法律的目的是将当时法规间出现重复和杂乱的法律进行体系化和规整化。

从人权保护方面来看,在当今全球化的大背景下,跨国企业扮演着非常重要的角色,随着全球供应链体系的迅速发展,人权问题被提升到新的高度。人权尽责不仅是企业人权责任的重要内核,也是国家保护义务的应有之义(李卓伦,2022)。李卓伦(2022)认为企业人权尽责立法的目的是使企业对侵犯个人权利与基本自由的行为承担责任,填补工商业与人权领域长期存在的"治理差距"。在欧盟,很长一段时间内企业一直把人权问题看作是无关紧要的问题,剥削劳工、聘用童工等乱象时常发生。之所以出现这种问题,部分原因是在2011年《指导原则》颁布前,一直都是软法在生效,并没有强制性的法律去约束企业,这显然不足以对企业起到警示作用,因此给企业中的员工带来了许多不公平的待遇。除此之外,企业不仅要对自身员工进行人权保护,更要加强对整个供应链的人权尽职调查。对有证据证明侵犯人权的供应链中的企业终止合同或提出改进人权保护的建议,从而促进供应链中的企业保护人权(王秀梅,杨采婷,2022)。

在现实生活中就有许多这样的例子,某些商家为了自己的利益,疯狂压榨剥削他们的员工,在20世纪80年代到90年代,耐克通过运动巨星的代言和广告宣传,牢牢地把握住了青少年的市场,而这"成功"的背后,却是一座座"血汗工厂",在那个地方,耐克供应工厂强迫工人劳动,让他们的员工在恶劣的环境下,每天工作10个小时并且一周要工作六天,除此之外,克扣工资、强制工人加班、限制工人上厕所等可怕行径时有发生。王秀梅、杨采婷(2022)认为企业必须要加强在供应链中的人权保护,因为不仅企业面临着人权风险,整个供应链都面临着同样的问题,不给予人权问题足够的重视,将会面临很大的风险;不仅是人权风险,也是社会风险。如果一个企业不考虑人权问题,只顾自身利益,即使其产品比较受欢迎,也仍然会遭到人们的抵制,在当今社会,整个供应链的人权问题已经被提升到了新的高度。此外,在俄乌冲突的大背景下,德国国内劳动力需求大幅度增长,也就导致该国劳工权益问题更加尖锐,时常发生罢工,维护工人的权益成了一个继续性的问题。

二、动机

针对背景中的与供应链相关的环境保护问题和人权问题,2019年12月欧盟委员会提出欧洲绿色协议,该协议为欧盟达成气候中和、向循环经济转型,对气候目标的立法支持以及开展国际合作提出了顶层设计。除此之外,欧盟还通过欧盟公司的全产业链落实特定社会标准(例如劳动条件、最低工资等)以及在公司治理中建立特定环境标准,实现保护人权和解决环境问题的目标(景云峰等,2022)。早在2011年,联合国便发布了《联合国工商业与人权指导原则》。这一指导原则的发布引发了世界各国关于人权问题的讨论,随后欧洲各个国家相继推出了自己的"人权法"。随后在2022年2月23日,欧盟发布《企业可持续性尽职调查义务指令草案》。在此背景下,德国颁布了自己的尽职义务调查法,也就是《供应链法》,并于2023年1月1日和2024年1月1日分阶段生效。德国颁布此法有两方面的考虑,一方面是针对国外,另一方面是针对国内,这两方面的考虑推动了《供应链法》的诞生,该法的目标是:

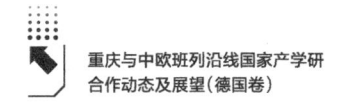

1. 将国家责任转嫁给企业

《供应链法》自生效起,首先适用于员工人数超过3000人的公司;2024年后适用于员工人数超过1000人的小公司。在全球化背景下,德国中小型企业面临着破产的风险,虽然《供应链法》并不直接适用于较小的公司,但是如果这些中小型企业的业务与那些大公司相关,也可能会面临着尽职调查的风险,虽然只有在查明存在严重侵犯人权的情况时,才会中断合作关系,但是这期间的合规和调查成本会极大地加重企业的负担。这样做的本质是将国家责任转嫁到了企业身上,《供应链法》规定整个供应链进行尽职调查,实际上就是迫使企业接管政府手中的责任。

2. 拿到欧盟的入场券

根据《国家行动计划》设定的目标,截至2020年底,雇员人数超过500人的德国企业中至少有50%将人权保障尽职调查义务纳入企业经营中。并且那些未能履行该项义务的企业,将会受到处罚。但是一直到2020年中期,完成《国家行动计划》目标的企业仅有13%到17%。德国《供应链法》不仅有利于解决其国内企业不自觉履行人权保障义务的问题,同时也有利于德国与欧盟国家和国际接轨。采取这一举措主要是因为德国需要一部自己的《供应链法》来为自己提供话语权,想要在供应链层面得到欧盟的认同。

3. 加强国内的绿色供应链体系建设

德国是世界上工业化程度较高的国家之一,随着工业化程度不断加深,环境污染和能源消耗问题越来越突出,迫使德国走上可持续发展的道路。德国的可持续发展不仅体现在环境上,从政治、文化、经济、社会中都能看到它的影子。在欧盟立法环境和德国国内发展循环经济的驱动下,构建可持续绿色供应链可以为企业创造巨大的价值,于是德国企业便从生态角度出发,积极构建绿色供应链。从环境保护方面来看,《供应链法》延续了德国国内构建绿色供应链的理念。具体而言,《供应链法》第2条第3款规定了环境保护相关的三种禁令,即(1)禁止制造添加汞的产品、禁止在生产过程中采用汞以及禁止处理汞废料;(2)禁止违反《斯德哥尔摩公约》化学物品生产和使用禁令以及禁止以有害环境的方式处理、收集、存储以及处置废料;(3)《巴塞尔公约》规定的多种危险废物进出口禁令。德国政府凭借着完善的法律体系和先进的环保理念,有效地推动产业链绿色化,并通过不断完善法律,进一步加强绿色供应链管理。

4. 为了恢复德国自身经济

目前,全球经济萎靡,欧洲经济更是严重下滑,截至到2020年4月,根据欧盟统计局数据显示,与2019年第四个季度相比,2020第一个季度的欧元区GDP下降了3.8%;与2019年第一个季度相比,同比下降了3.3%。此外,与2019年第四个季度相比,欧盟2020年第一个季度的GDP下降了3.5%;与2019年第一个季度相比,同比下降了2.7%。作为欧盟经济"火车头"的德国,在2019年GDP增长率仅有0.6%。2022年,俄乌冲突的爆发导致整个欧盟能源供应不足,德国国内能源密集型产业也面临着严重的问题。为了恢复德国经济,德国企业迫切需要依托高度整合的全球产业链和供应链体系来实现尽快发展,《供应链法》可以帮助德国寻找到获利空间和谈判筹码。

三、对中国的影响评估

德国《供应链法》首先适用于在德国拥有3000名以上正式员工的德国公司或者在德国有分公司的外国公司,2024年以后其适用范围将扩大到拥有1000名以上员工的德国公司或者在德国有分公司的外国公司。自《供应链法》实施起,会有几类公司受到影响:中国公司的德国分公司、中国公司的德国子公司、德国公司的中国子公司和作为德国公司供应商的中国公司。这些类型的公司将会受到来自德国《供应链法》的不同形式和不同程度的影响,其中中国公司的德国分公司和作为德国公司供应商的中国公司受到的影响相对较为直接和广泛,主要影响体现在以下几个方面:

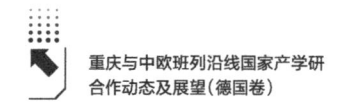

1.《供应链法》对中国企业供应链可持续发展能力的影响

随着时代的发展,经济全球化是社会生产力发展的必然结果,它在带给我们收益的同时,也给我们的生态环境带来了危害,例如:全球木材贸易导致了原始森林被大面积砍伐,地球的"天然氧吧"遭到了严重的破坏;全球捕捞业的发展,导致海洋资源急剧减少。在全球范围内,有些企业为了自身利益,不惜将全球生态环境陷于困境之中。除此之外,个别企业为了积累资本,严重压榨剥削员工,缺乏社会责任感,只为一己之私(白新伟,2020)。例如,为了大幅度降低成本,工人通常需要在危险的厂房中加班加点工作;资本为了进一步剥削员工,开始增设更多的工厂,这些所谓的工厂实际上都是违规建筑,工人们的权利遭到了严重的侵犯。

自德国《供应链法》生效开始,无论是在德国的中国分公司,还是为德国公司提供产品的中国供应商,都将面临来自德国方面的供应链尽职调查。这些公司不仅要遵守《供应链法》的标准,还必须联络供应商为达到德国《供应链法》的要求而进行年度审核和临时审核(景云峰等,2022)。对于我国企业来说,企业尽职调查将会使合规的成本大幅提升,但从长远来看,短期的成本投入可以使自己的供应链更加规范,从而提升自己的竞争力,使自己在以后与德国客户合作时可以取得更大的优势。不仅如此,合理地遵守德国《供应链法》可以提升企业可持续发展的能力,德国《供应链法》中对环境的尽职调查就能够说明目前全球绿色供应链管理是一个非常重要的问题,绿色供应链管理不仅能够更好地规范整个供应链,并且能够降低企业成本,快速响应客户需求。所以,企业要想实现可持续发展、真正做到主动型绿化,其最佳和必然的选择就是实施绿色供应链管理(尹路,2014)。

2.《供应链法》对提升中国企业竞争力的影响

自德国《供应链法》颁布起,人权和环境问题在德国被推上了新的高度,这也意味着在企业之间的竞争中,企业社会责任变得尤为重要。顾文忠(2011)认为随着世界经济的发展,企业在竞争中的优势正逐渐从成本、产品质量走向对社会责任的承担,企业社会责任在带给企业良好形象的同时也会增加企业的竞争优势。如今,市场经济愈发活跃,企业的竞争已经不仅限于硬件设施,企业软实力竞争也相当之激烈,而企业软实力主要体现为企业社会责任、企业文化、企业理念等,企业树立良好的社会责任理念,有助于提升其竞争力。针对我国企业来说,德国《供应链法》带来的有机遇也有挑战,具体如下:

第一,提升企业竞争力,实现企业良性发展。

企业积极履行尽职义务带来的企业社会责任,可以在国内甚至国际上建立良好的企业形象,这不仅可以创造品牌效益,也有助于吸引更多的投资人、顾客;企业积极履行尽职义务带来的企业社会责任,可以增强其创新能力,促进产品和服务质量的提升,在短期内,成本固然会有所增加,但是从长期来看,生产力水平和服务水平的提升可以有效降低运营成本,增强企业的可持续发展能力。

第二,有助于改善企业与消费者和政府等方面的关系。

企业积极履行企业社会责任,并且通过自身企业战略加强与其他企业的合作是获得政府资源和发展机会的有效途径。2024年1月23日,第十三届公益节暨ESG影响力年会在北京隆重举行。在本届公益节评选中,盐津铺子积极响应国家号召、切实履行社会责任的公益慈善行动与贡献获得组委会高度肯定,荣获"2023年度责任品牌奖"与"2023年度公益践行奖"双项大奖。

作为休闲食品自主制造企业,盐津铺子自成立以来始终聚焦食品主业,长期坚持自主制造,是农业产业化国家重点龙头企业、国家绿色工厂、国家扶贫就业基地。通过直接和间接方式带动数十万农民增收致富,助力乡村振兴。盐津铺子在公益慈善事业上同样做到知责于心,担责于身,履责于行。多年来,在洪涝灾害、教育帮扶、公益活动等方面做出积极贡献,累计捐赠金额超3000万元。

与此同时,盐津铺子采用产学研深度融合和"实验室+工厂"的创新研发机制,拥有200多名研发、品控专业技术人才,以及近百项专利,还与江南大学、东北大学等高校开展食品科技创新研究,承担了国家"十三五""十四五"重大食品科技专项。

由此可以看出,企业在积极履行自身的企业社会责任的同时,也扩展了公司业务。除此之外,企业良好的社会责任履行情况有助于吸收优秀的员工,并且这种良好的企业形象还可以提高企业威望,对消费者的消费决策产生正向的影响。

第三,改善环境,消除贫困,提高企业的国际竞争力。

企业积极履行社会责任可以改善自然环境,实现可持续发展。21世纪,国际社会关于社会责任的呼声此起彼伏,许多国家都在提升产品的环保标准并逐渐替代关税,构建出国贸易的"绿色壁垒"。因此,我国企业在接下来的发展过程中应当积极承担社会责任,加大产品的环保力度,助力构建绿色生态圈,从而改善生态环境。

此外,企业积极履行社会责任,不管是从改善环境的方面来看,还是从消除贫困的方面来看,可以打破贸易壁垒,提升企业形象,从而提升企业的国际竞争力。

3.《供应链法》对中国"双碳"目标实现的影响

作为工业领先并在环境治理上较早提出方案的国家,在2021年5月第十二届彼得斯堡气候对话视频会议开幕式上,时任德国总理默克尔表示,德国实现净零碳排放即"碳中和"的时间,将从2050年提前到2045年。在德国本土以及欧盟层面,三大德国车企为了达到其低碳排放标准,提前完成了低碳布局,并且都较好地结合了中国现阶段国情,提出了有效的解决方案,这对中国车企实现"双碳"目标来说,是一个可以借鉴的优秀范例。

近年来,习近平总书记多次就应对气候变化问题发表讲话。他强调:"气候变化是全球性挑战,任何一国都无法置身事外。"2020年9月中国明确提出了2030年前实现"碳达峰"与2060年前实现"碳中和"的"双碳"目标。中国的碳达峰与碳中和的承诺是积极应对国内外挑战的必然选择。为了更好地实现双碳目标,作为承担应对气候变化目标的重要主体,中国企业在降低自身碳排放的同时,还要促进供应链成员共同实现碳减排(徐迪,吴隽,2022)。

从现阶段来说,德国在碳中和目标的落实工作中,领先全球其他国家一步,并且德国国内全民参与,无论是企业还是个人,都在为实现碳中和做出自己的贡献。德国《供应链法》要求企业在运作过程中积极进行尽职义务调查,并将环境保护纳入公司的整条供应链中,进一步推动了德国实现碳中和的目标。对于中国企业来说,只要是与德国公司有合作的企业,必定会受到不同程度的合规调查,其成本无疑将会增加,但是这意味着企业将会更加严格地把控自己的产品质量以及生产过程,从而使得企业被迫向更加环保、低碳的方向发展,由此,企业的碳排放将在一定程度上减少,有利于中国实现双碳目标。

四、中国企业的应对措施

虽然德国《供应链法》在一定程度上有利于中国实现"双碳"目标,但是在"双碳"目标和德国《供应链法》的双重背景下,企业可能面临巨大的挑战,导致原本不具有国际市场竞争力的企业"雪上加霜"(陆岷峰,徐阳洋,2022)。对此,中国企业应当积极寻求对策,积极面对德国《供应链法》和"双碳"目标的背景下的巨大挑战。

首先,企业应当从国际供应链竞争的视角出发,制定适合自身的供应链发展策略,加快绿色转型,积极迎合德国《供应链法》中的环境合规调查,从而获取与德国客户合作的优势。

其次,中国企业应当提升供应链的国际竞争力,从技术创新的角度出发,大力发展低碳技术,减少对环境的污染,提高能源利用率,同时可以利用数字技术,比如区块链技术,其可追溯性和不可篡改性使得碳足迹追踪变得更加容易,可以更好地帮助企业向智慧化制造转型。

最后,中国企业应当探索绿色供应链体系建设,"双碳"目标对供应链的要求,本质上就是要求整个供应链必须做到碳减排,并且注重环境保护。因此中国企业应当积极探索新的绿色供应链体系,并且积极与政府合作,从而推进"双碳"目标的实现。

总的来说,德国《供应链法》的颁布对中国企业来说既是机遇也是挑战,由于德国《供应链法》中的有些标准非常模糊,因此在某些执行标准上可能存在偏差。而在中欧企业合作的过程中,对德国《供应链法》的遵守程度将会显著影响中欧企业之前的业务关系,因此,中国企业应当设置更为严格的标准来应对德国方面的尽职调查,对遵守相关标准的把控程度是中国企业未来要考虑的重要问题。

参考文献

[1]李卓伦.全球供应链治理视角下跨国公司人权尽责的法律规制[J].人权法学,2022,1(04):125-148+161-162.

[2]Anderson Michael. Transnational corporations and environmental damage: Is tort law the answer[J]. Washburn Law Journal,2001,41(03):399.

[3]田泽华.跨国公司环境治理机制研究——以"供应链法"域外适用为依归[J].中国环境管理,2022,14(04):109-116.

[4]张璐璐.德国环境法法典化失败原因探究[J].学术交流,2016(06):102-108.

[5]李卓伦.欧盟及其成员国企业人权尽责立法评介[J].人权研究,2022(02):47-69.

[6]王秀梅,杨采婷.国际供应链中的人权保护:规则演进及实践进程[J].社会科学论坛,2022(03):110-126.

[7]景云峰,Sandra Link, James Schütze.从中国企业视角,初探欧盟企业可持续尽调指令及德国供应链法下的潜在影响与风险应对[EB/OL].[2022-06-22]. https://www.ctils.com/articles/5741.

[8]徐媛.德国绿色供应链管理得益于成熟的法律体系[J].环境经济,2017(18):48-53.

[9]吴畏,石敬琳.德国可持续发展模式[J].德国研究,2017,32(02):4-24+124.

[10]张怀岭.德国供应链人权尽职调查义务立法:理念与工具[J].德国研究,2022,37(02):59-84+122-123.

[11]刘馨蔚.德国经济复苏面临多重风险[J].中国对外贸易,2022(07):66-67.

[12]周学智.俄乌冲突对欧洲经济的冲击[J].俄罗斯学刊,2022,12(05):86-101.

[13]丁纯,纪昊楠.新冠肺炎疫情下的欧盟经济与中欧经贸关系[J].当代世界与社会主义,2020(06):31-39.

[14]白新伟.融入企业社会责任的供应链协调机制研究[D].杭州:浙江工商大学,2020.

[15]尹路.从供应链管理到绿色供应链管理——中国企业可持续发展的必由之路[J].石油石化物资采购,2014(08):14-15.

[16]顾文忠.企业社会责任对我国对外贸易的影响[D].天津:南开大学,2012.

[17]徐迪,吴隽.构建面向双碳目标的低碳供应链[N].中国社会科学报,2022-08-03(A03).

[18]陆岷峰,徐阳洋."双碳"目标背景下供应链经济的新特点、新挑战与新对策[J].新疆社会科学,2022(01):38-46+146.

[19]田泽华.国际民事责任条约体系下跨国公司环境侵权救济制度研究[J].环境保护,2021,49(19):71-76.

[20]沈百鑫.德国环境法治的经验和对我国的启示——以空气污染治理为重点比较领域[J].德国研究,2021,36(01):97-118+174-175.

7 重庆山地农村产业发展路径研究
——基于德国理念的借鉴

丛慧芳 徐肖肖[1]

摘　要： 德国乡村产业发展经历了三个阶段：再城市化、农村现代化、农村生态化。不同阶段的德国乡村产业在政府和企业的带动下不断推动产业转型升级，让乡村拥有可以与城市相媲美的现代化生活水平，其先行经验为我国重庆山地农村产业发展提供了一定的借鉴。本文探讨德国乡村产业发展措施在应对典型的山地地形地貌的限制情况下的实践情况，通过对其典型案例巴伐利亚州进行分析，分别从产业选择、政府扶持、乡村基础设施建设、生态环境和乡村风貌营建四个方面介绍其经验，旨在为我国典型山地城市重庆山地农村产业发展提供一定的启示。研究发现，总体上德国经验对重庆山地农村产业发展具有一定的借鉴作用，建议从以下几个方面出发探索重庆山地农村产业发展路径。第一，选择适合本土的特色农村产业，以便进一步构建完善的现代化农村产业体系；第二，从资金投入、技术支持、人才引进三个方面充分发挥政府的引导作用；第三，加大对农村交通、用水工程和教育文化医疗等基础设施的建设力度；第四，加强农村和相关企业的联系，促进农村产业的持续稳定发展；第五，改善居住环境、提高农村常住人口数量。

关键词： 山地农村产业，德国，重庆

---

[1] 丛慧芳，重庆交通大学硕士导师，毕业于英国赫瑞瓦特大学。徐肖肖，重庆交通大学硕士研究生。

一、研究背景及目的

重庆作为典型的山地城市,因其独特的地形地貌,无法向其他城市一样发展大规模的农业产业,因此协调农村自然资源,发展适合的农村产业尤为重要。虽然重庆市在多方努力之下不断促进农村产业发展,并取得了不错的成绩,但在当今的新征程、新要求下的乡村产业体系转变仍然需要不断振兴乡村产业,加快推进乡村产业现代化建设,提高农民的生活和收入水平,实现农业农村现代化。

德国在乡村产业发展方面是最有经验的国家之一,其农业农村现代化程度远高于中国,其经验对于当前我国的一些地区具有较强的借鉴意义。德国乡村产业现代化进程开始得较早,为了应对不同阶段的乡村产业发展危机,促使德国乡村地区可持续发展,德国相关政府部门相继引领了多次乡村产业转型升级,目前在乡村形成了积极有效的产业结构模式——"农村工商化模式"。在促进乡村产业发展的同时,德国也非常重视乡村生态环境的保护和基础设施的建设,致力于使乡村拥有可与城市相媲美的生活和就业条件。基于此,德国的乡村发展值得重庆山地农村借鉴。本文将巴伐利亚州作为分析案例,试图找出适合重庆借鉴的山地农村产业发展模式或方法。

目前,国内外学术界对乡村产业发展都有一定的研究。我国的研究主要是从乡村产业发展模式、产业发展困境、路径选择等角度出发,提出应该选择适合我国的乡村振兴产业发展模式。例如,李思聪指出我国可以借鉴德国将休闲农业与乡村旅游业融合发展的产业发展模式;赵万里提出德国巴伐利亚州之所以能从农业州发展成为高科技的发达州是因为该州立足农业,找到了适合自己的特色乡村产业发展路径;刘继芬指出德国农业结构以畜牧业为主,这种结构是因地制宜的结构,有利于当地走农业良性循环和农业持续发展的道路。

国外学者对乡村产业发展的研究主要是从影响乡村产业发展的因素方

面出发,总结出适合的乡村产业发展经验。例如,Chang Woon Nam 提出德国政府对农村产业的政策、技术等的大力扶持促进了巴伐利亚州乡村产业发展;Margarian 等提出德国东西部地区农村发展分化严重的主要原因之一是乡村产业结构的差异,西部地区农村发展较为良好的主要原因是其第二产业为农村主导产业;Bosmann 等提出德国乡村地区休闲农业、旅游产业发展的成功因素主要包含三个,地理位置良好,政策、资金支持,与其他产业的融合发展。虽然关于乡村产业发展的研究成果丰硕,也从不同的角度,提供了许多可供选择的产业发展路径和模式,但是目前对德国山地乡村发展路径和模式的研究相对较少,针对重庆市典型的山地农村产业发展的研究更是少之又少。因此,本文以德国为例,通过研究德国乡村产业发展路径和模式,总结其成功的经验,为重庆山地农村如何构建特色的农村产业体系提供借鉴意义。

二、德国山地乡村产业发展历程及具体措施

(一)德国乡村产业发展历程

自1882年,特别是二战以来,德国乡村产业结构在乡村发生变化的同时也发生了根本性转变。二战前至战后初期,德国政府出台了一系列农业保护政策,利用科学技术手段,以提高农业生产效率。战后初期至二十世纪五六十年代,随着工业革命的发展,德国乡村主导产业逐渐从农业转向第二产业,农业所占比重开始不断下降,工业和服务业比重不断上升,自21世纪开始,随着可持续发展理念的提出,为了平衡乡村经济、社会和生态的发展,减少生态资源的浪费,第三产业开始居于主导地位。以各产业从业人口为例,1925年工业就业人口已超过了农业和第三产业;二战以后,第三产业超过了农业,居就业人口第二位;2001年以来,第三产业就业人口开始超过第二产业,居于领先地位,例如,2010年第三产业就业人口所占比例达到74%。

而在不同的发展阶段,德国政府针对所面临的不同问题进行有效应对,以满足乡村产业发展的需要。(图1)

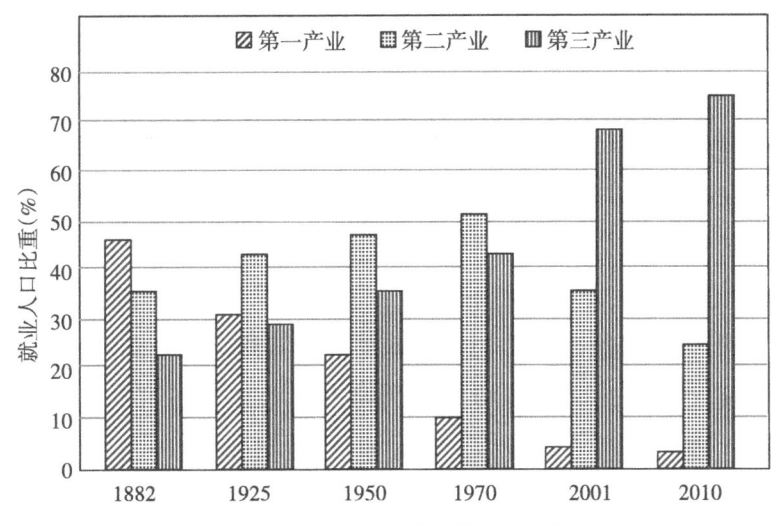

图1 1882年以来德国产业结构的发展变化(就业人口比重)

来源:参考文献[8]

(二)德国山地乡村产业发展的具体措施

1. 政府扶持方面

农业在德国拥有很高的地位,除了提供粮食的基本功能,还有许多重要的战略功能,因此,德国各级政府实行了许多经济、法律措施来保护和发展农业。1936年颁布的《帝国土地改革法》规定了农村土地合并、荒地开发、给排水设施建设等相关事宜;20世纪50年代初先后通过的《农业法》《土地整理法》允许土地自由买卖,鼓励将土地合并,发展农业规模化经营,促进乡村农业机械化发展。同时政府为提高农业技术人才素养,要求年轻人在完成基础教育以后,必须参加专门的农业技术培训和实习。

二战后,乡村拥有廉价的劳动力、便宜的产品和国家相应的补贴,于是德国政府鼓励中小型企业搬迁到乡村,将大量工业项目引向乡村地区,这不仅为农民提供了就业岗位,增加了农民的收入,同时也带动了乡村农业和其他产业的发展。

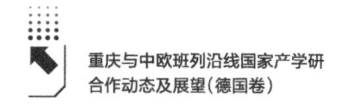

2. 产业选择方面

德国政府根据其农业本身具有的发展条件,结合旅游发展提出了更具创意的发展理念,即将农业发展与乡村旅游结合起来,以农业发展为依托,引入乡村旅游建设,增强农业发展的丰富性,进而带动乡村产业发展。主要是以田园综合体为主导的新型休闲旅游发展模式和体验性乡村产业。乡村旅游与农业相结合的发展定位也为迎合市场需求做出了一系列调整,通过体验性乡村产业的发展进一步完善乡村产业结构,不仅促进了农业本身的发展,还促进了产业之间的相互融合。与此同时,德国大力推动生态友好型农业技术和产业发展,设立专门资金和项目支持绿色农业和有机农业生产。

同时德国乡村地区可持续发展的根本动力还在于自身的产业优化升级。德国在现代化的进程中将传统农业型乡村转变成为二、三产业工商城镇,这样三产协同带动了乡村经济增长,由此形成了推动乡村发展的积极有效的产业结构模式——"农村工商化模式"。

3. 乡村基础设施建设方面

德国乡村交通十分便利,除了高速公路外甚至有列车可以抵达各个村庄,整个乡村拥有从幼儿园到中学的完整教育体系,医院、疗养院等理疗基础设施齐全,同时还配备超市、娱乐中心等公共服务设施。

德国农业农村现代化与政府在20世纪60年代推行的"城乡等值化"发展密切相关。德国选择了小城镇方案和城乡"等值"发展道路。1965年德国颁布《联邦德国空间规划》,以法律形式规定乡村建设要赋予乡村居民与城市居民一样的生活、工作、交通等条件,在保持乡村原有社会结构的同时,加大对道路管线等基础设施的建设和对教育医疗等公共服务的供给力度,在城乡生活水准等值的前提下实现区域之间有益的互补。这不仅使得乡村可以吸引人,更使得乡村能够留住人。

4. 生态环境和乡村风貌方面

德国发展乡村产业是以当地的农业发展为依托的,所以尤为重视对农业发展的保护。他们以保护当地的乡村农业景观和乡土文化为主旨,利用农业生态系统的自净能力,改善乡村生态环境,在这个基础上再发展其他乡村产业,这对于提升农业发展质量和效益具有重要作用,也是其乡村产业发展水平不断提升的重要推手。

表1 德国山地乡村产业发展的具体措施和主要做法

具体措施	主要做法
政府扶持	1.《帝国土地改革法》规定了农村土地合并、荒地开发、给排水设施建设等; 2.《农业法》《土地整理法》等法律法规规定发展农业规模化经营,促进乡村农业机械化发展; 3.政府要求年轻人在完成基础教育以后,必须参加专门的农业技术培训和实习; 4.政府鼓励中小型企业搬迁到乡村,将大量工业项目引向乡村地区。
产业选择	1.以农业发展为依托,引入乡村旅游建设; 2.推广以田园综合体为主导的新型休闲旅游发展模式和体验性乡村产业; 3.产业结构转型——传统农业型乡村转变成为二、三产业工商城镇; 4.产业结构模式构建——"农村工商化模式"; 5.推动生态友好型农业技术和产业发展,设立专门资金和项目支持绿色农业和有机农业生产。
乡村基础设施建设	1.乡村内完整配备交通、医疗、教育和文化等基础设施和公共服务设施; 2.颁布《联邦德国空间规划》,以法律形式规定乡村基础设施建设; 3.在乡村原有社会结构的基础上,加大对道路管线等基础设施的建设和对教育医疗等公共服务的供给力度,在城乡生活水准等值的前提下实现区域之间有益的互补。
生态环境和乡村风貌	1.利用农业生态系统自净能力; 2.保护乡村农业景观和乡土文化。

(三)典型案例——巴伐利亚州

巴伐利亚州位于德国南部,面积占德国的五分之一,州内环境优美,拥有较丰富的自然资源。以前,巴伐利亚州经济和产业主要是以农业为主。而在二战后,巴伐利亚州却由以农业为主的经济结构转型成为以高技术产业为主的经济结构,成为德国最发达州之一,和德国南部的经济、文化中心。随着德国整体乡村产业结构的转型升级,巴伐利亚州各产业也顺应国家政策转型升级,其成功的主要原因包括以下几个方面:

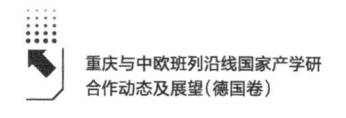

1. 政府扶持方面

巴伐利亚州的执政党没有停留在空谈乡愁的层面,而是主动拥抱现代化,基社盟将欧盟乡村发展项目作为巴伐利亚州乡村发展规划的重要支柱,既保持巴伐利亚州农业和中小企业的结构,同时也将它建设成一个现代工业地区。在执政党的引领下,巴伐利亚州通过了《巴伐利亚农业促进法》充分利用劳动力,去提升从业人员的主动性、创造性。另外,因为地理位置的优势,巴伐利亚州发展农庄旅游时,政府同样提供了政策和技术咨询、人员培训以及信息宣传等服务。此外,为了应对巴伐利亚州面临的各种挑战,巴伐利亚州政府制定了不同的应对政策和"巴伐利亚未来攻势""高科攻势"两种首创战略,为全州的高科技项目提供了大量的资金支持。

2. 产业选择方面

巴伐利亚州从最开始落后的农业州发展成为现在高科技的发达州,其最重要的原因是巴伐利亚州在产业选择方面,选择了适合当地发展的产业。巴伐利亚州借助其地理优势不断发展水利技术,一方面将农业和水利技术融合以促进农业发展,另一方面也促进了农业之外的产业发展,最重要的还是表现在水力发电上。同时巴伐利亚州缺乏矿产资源,因此他们将重点放在了高科技产业上,在农业产业发展的基础上依托当地的中小型企业发展新能源、电子通信等高技术产业。

3. 乡村基础设施建设

巴伐利亚州在促进大企业向乡村布局、推动城乡协调发展方面取得的成效明显。为顺应德国乡村产业政策,巴伐利亚州在乡村基础设施建设方面也制定了一系列相关政策。例如:20世纪70年代初,位于巴伐利亚州的宝马公司将主要生产基地转移到距离慕尼黑120公里之外一个叫作丁格芬的小镇上,为周边100公里的乡村地区提供了2.5万多个就业机会。企业的搬迁为乡村地区的剩余劳动力提供了就业岗位,将大量的人才留在了乡村。同时巴伐利亚州政府将州立大学和政府机构等搬迁到了乡村地区,通过学校和政府带动周边基础设施建设,打造优美的乡村环境,提供更加便捷优质的生活环境并吸引资本技术下乡。

总之,通过这一系列的做法,巴伐利亚州吸引了来自全球的游客,仅2005年,巴伐利亚州就吸引了2380万人来此旅游,创造了7050万人次的留宿纪录,占到了全德旅游总比的四分之一,这为当地创造了大量的劳动就业岗位,增加当地人的收入。

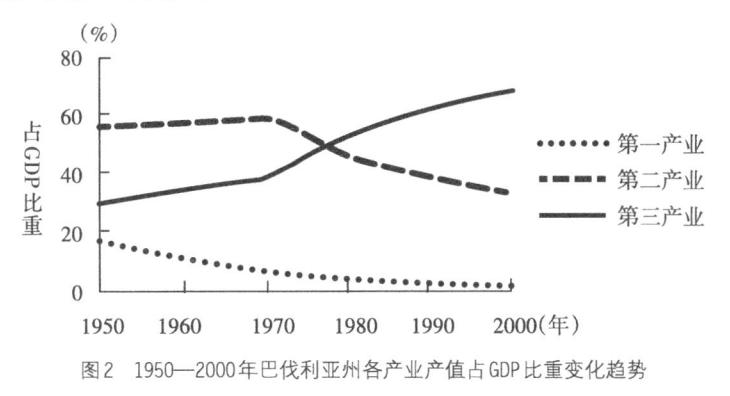

图2 1950—2000年巴伐利亚州各产业产值占GDP比重变化趋势

来源:参考文献[15]

三、重庆山地农村产业发展现状

要想借鉴德国山地乡村产业发展的经验,首先需要立足于我国的基本国情,对我国重庆市山地农村产业发展现状展开讨论。重庆的山地农村自然资源非常丰富,但由于山地地形较复杂,土壤质量不高,很多地区的水资源极度匮乏,农业的发展受到限制。政府针对重庆市的情况制定了适合重庆市发展的农村产业发展方案,主要围绕柑橘、柠檬、榨菜等产业,依托乡村旅游发展特色农村产业,推动实现农村产业化发展。虽然重庆市农村产业发展取得了一定的成绩,但就目前的产业发展现状来看,仍然存在着诸多的问题,具体包括以下几个方面:

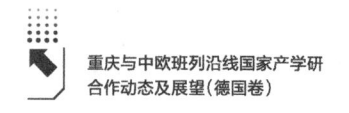

1. 自然、人文等资源的价值利用程度较低

重庆市农村各类物质与非物质资源丰富,但由于在农村产业发展中对自身认识不足、照搬其他地区产业发展案例等原因,出现了发展效益低、后劲不足等问题,没有将自然与人文资源完全利用起来。如旅游业的重心依然在城市观光上,农村依旧没有找到适合自己的特色产业发展方向,且发展思路固化,忽略了近在眼前的自然资源,"靠山没吃山、靠水没吃水"的现象普遍存在。例如:重庆市武隆区,属于中国南方喀斯特高原丘陵地区,拥有世界上少见的自然奇观之———喀斯特景观。尽管依托如此有利的自然景观资源,但其经济发展水平仍然是重庆市区县中较低的,它拥有丰富的自然资源却没有有效利用,反而不断尝试其他地区成熟的农村产业案例的发展路径,导致至今没有摸索出适合当地的农村产业发展路径。

2. 政府扶持力度不足

政府通过政策倾斜、资金扶持、技术辅导、人才培养等方式能够直接或间接地推动产业发展。随着国家政策的调整和国际市场的变化,重庆市乡村传统行业受到多个新兴行业的冲击,产业结构的剧烈改变考验着政府的资源配置机制。政府制定了乡村发展整体目标和任务,但对山地农村产业发展的具体细节问题还有所疏漏。例如:高山蔬菜产业是重庆市农业产业集群中的重要组成部分,但是政府相关部门并未针对高山蔬菜制定绿色标准化生产、质量等级、加工等方面的相关标准,这使得外界无法甄别其质量,不利于产业的长远发展。

3. 农村劳动力严重不足

由于农村收入水平较低,超过70%的农村青年劳动力选择从事非农业工作。重庆市有将近800万农民选择外出打工,这在很大程度上给农村劳动力供给带来了较大的挑战。在家务工农民一般年龄较大,对新技术的应用能力较低,使得农业科技成果一直得不到显著推广。例如武隆区火炉镇梦冲塘村以渔业为主导产业,但基本为私人养殖,产业发展水平较低,且当地农户认为经营养殖业会因自身缺乏技术、资金导致收入不稳定。因此大部分农户家庭的主要收入来自外出打工薪酬,导致村庄出现空心化现象。

4. 基础设施建设不足

重庆部分地区交通条件较落后,致使一些农村脱离了市场,也影响了山地农村产业的发展。虽然近年来重庆市在农村居住环境、农村交通、水电气、通信等基础设施建设方面均取得了成果,效益明显,但由于农村的基础设施仍存在较多不足,不完善的农村基础设施从多方面阻碍了农村产业的发展。例如,武隆区火炉镇官厅坝的徐家村,拥有丰富的自然资源,生态环境良好。当地依托烤烟产业促进乡村发展,整体发展情况良好,但由于距离城区较远,交通不太便利,出现了大量农产品滞留、种植成本较大、农民生活质量低等问题,导致该村经济发展水平相对较低。

表2 重庆山地农村产业发展现状问题梳理

现状问题	问题内在机制	典型案例
治理结构	依旧延续由政府自上而下的更新模式,政府对农村产业发展等的相关指标与经营模式的管控过于刚性,企业入驻意愿较低。	武隆区后坪乡高坪村
产业选择	拥有丰富的自然资源却没有有效利用,反而不断尝试其他地区成熟的农村产业案例的发展路径,导致至今没有摸索出适合当地的农村产业发展路径。	武隆区巷口镇杨家村
政府扶持	政府没有为农村产业发展提供相应的税收优惠政策与便捷的融资渠道,农业合作社主体资金不足,缺乏网络关系,单靠它无法带动乡村产业发展。	武隆区火炉镇梦冲塘村
资金供给	主要依靠政府财政供给,但由于财政力量薄弱,无法持续性支付成本,而外部市场资本注入乏力。	武隆区火炉镇梦冲塘村
产业基础设施	交通条件落后,使农村脱离市场。	武隆区火炉镇徐家村

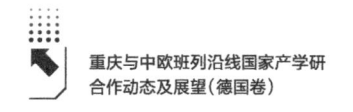

四、重庆山地农村产业发展路径——基于德国经验总结

（一）应当发展与当地自然条件及地缘相结合的多样化产业

结合上文对德国山地乡村产业发展经验的总结，重庆山地农村应当发展与当地自然条件及地缘相结合的多样化产业。农村相较于城市而言，生态资源是一大优势。要实现农村产业多样化，就要充分利用当地自然资源。而重庆拥有良好的自然资源，应当充分发挥其资源优势，以农业发展为依托，引入乡村旅游建设，增强农业发展的丰富性，进而带动农村产业发展。例如，重庆市武隆区官厅坝村，自然资源优势显著，生态环境良好，比较适宜发展旅游业，可以为游客提供避暑服务，同时当地的土质适合种植烤烟。因此，官厅坝村应该充分发挥其资源优势，将农业发展与乡村旅游结合起来，带动农村产业发展。

（二）发挥政府在规划引导、政策支持、人才服务等方面的积极作用

在发展农村产业的过程中必须尊重农业的主体地位和农民对特色产业的选择权，鼓励农民以市场为导向，不断提高农村产业的市场竞争力。发挥政府在规划引导、政策支持、市场监管、法治保障等方面的积极作用，以及在产销对接、信息服务、科技服务、人才服务中的主导作用。例如：武隆区后坪乡文凤村，相较于其他村落，其乡村经济水平较高，主要原因是当地政府部门对农村实行一对一帮扶政策，并投入资金等，将文凤村打造成了"农业+旅游"协同发展的休闲胜地。

（三）建立完善的农村基础设施和功能区布局规划

重庆市应当鼓励中小型企业搬迁到农村，将工业项目引向农村地区，同时在农村修建教育、医疗、交通等基础设施，提高农户的文化教育水平，以及

提高农村产业的生产和销售水平。与此同时,应大力推动生态友好型农业技术和产业发展,设立专门资金和项目支持绿色农业和有机农业生产。例如,在乡村建立企业,政府与企业联动培养优秀人才,为农户提供就业岗位,吸引人才返乡就业创业,为家乡建设献计出力,促进农村产业发展。例如,在渔业发展中可以充分利用水域发展光伏产业,探索"渔光一体"商业模式,有效提升渔业产业的经济价值。

(四)建设良好的生态环境和农村风貌

重庆市拥有良好的自然资源,因此可以借鉴德国山地乡村对生态环境的改善措施。大力改善农业种植环境,减少化肥、农药等引起的土壤肥力丧失问题,同时加大对畜禽粪污、秸秆等资源的利用;推进农业清洁化生产,为农村产业生产提供良好的生态环境,以此建立良好的农村风貌。

五、建议

(一)发展与当地自然条件及地缘相结合的多样化产业,推进产业优化升级

1. 选择适合本地发展的农村产业

农村产业的选择要根据资源条件,包括土地、水、人文等,其优劣程度影响着农村产业的选择与发展,因此在选择农村产业时需要综合考虑当地的资源和利用效益,合理规划和组合资源,发挥资源的最大优势。

2. 构建现代化农村产业体系

因地制宜,在重庆山区发展现代山地特色高效农业,以市场为导向、商品为目的、效益为中心、科技为先导,以当地资源条件为基础,建立第一产业农产品的生产基地,以第二产业和第三产业为关键,采用"农村工商化模式"的农村产业结构,利用"企业+政府"产业发展模式带动农村产业发展,使用

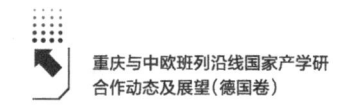

多层次、多形式、多元化的优化组合,使农村产业实现全局、长远的发展。

(二)政府在农村产业可持续发展中的关键性作用

1. 完善乡村产业标准体系

重庆市政府相关部门应从主管领域出发制定相应的行业标准,有序推进农村产业的规范化发展,加大市场监管力度,对重庆市农村产业发展中出现的乱象分门别类地进行治理。

2. 健全人才政策体系

搭建创业平台,构建人才联络机制,完善返乡就业创业优惠政策,优化人才基础权益保障机制,任用优秀人才,协同企业、机构等培养农村带头人与新型农民,支持农村产业发展。

3. 不断加大财政资金投入力度和产业技术支持力度

政府部门运用信息、资金等手段支持产业提档升级,树立品牌特色。以财政投入为导向,着力撬动金融资本,吸引社会资本,形成多元化的投入机制,解决农村产业发展资金不足的问题,统筹推进农村产业发展。同时将财政涉农专项资金及时分解落实到具体项目上,加快项目实施、支出进度,尽快形成实物工程量。资金重点向乡村特色产业、促进群众就业、保障群众基本生活等方面倾斜,提高资金使用效益。

4. 强化产业技术支持

政府部门应该引导相关科研企业、高校与农村对接,鼓励科研人员驻村对村民进行技术指导,建立产业科技园区以吸引更多的科技人才,通过构建产学研机制,促进农村产业和科学技术之间的融合,提高产业的科技含量。

(三)加大对农村交通、用水工程和教育、文化、医疗等基础设施的建设力度

加强农村基础设施建设,应当在已有设施的基础上,继续加大投资力度,扩大建设规模。一是加大农村公路建设力度。尽早实现乡村通水泥路,

扩展农产品向外销售渠道,减少因为交通问题引起的农产品滞留问题。二是加大农村用水工程建设力度。重庆市部分山地农村缺乏水资源,应当尽快解决农民饮水、灌溉问题,提高农民生活质量。三是加大农村教育、文化、医疗等基础设施的建设力度。

(四)加强农村和相关企业的联系,促进农村产业的持续稳定发展

农业产业化龙头企业是引领带动农业农村现代化的生力军,是构建现代化农村产业体系的中坚力量。因此,应当加强农村建设,使企业根植于农村、发迹于农村、壮大农村,将农村、农业和广大农民群众紧密地联系起来。鼓励企业多形式、多领域地促进农村现代化建设,为农民提供就业岗位,吸引年轻人返乡就业。同时,通过企业带动农产品生产、销售等,减少农民私营出售导致的农产品滞留问题。

(五)改善居住环境,增加农村常住人口数量

在农村建设方面,需要更加注重对农村生态环境的保护和打造。把改善农村居住环境工作作为重点任务,从生活垃圾、村容村貌等方面入手,充分发挥农村生态环境本身具有的污染物净化能力,充分利用农村生态系统的优势,发挥好农村生态环境系统的自净能力。

参考文献

[1]蒋婵.乡村振兴,"兴"在何处[J].人民论坛,2018(12):80-81.
[2]德国:乡村振兴的标杆[EB/OL].[2021-11-09].http://www.amic.agri.cn/websecondLevelPage/info/42/125219.
[3]李思聪.如何借鉴国外农村发展的成功经验[J].乡村振兴,2021(07):93-95.
[4]赵万里.德国巴伐利亚州从农业到高科技战略之路[J].农村经济与科技,2014,25(12):181-182.
[5]刘继芬.德国农业产业结构[J].中国农业信息快讯,2001(05):15-16.
[6] Chang Woon Nam. Decentralized Industrial Policy in Germany. Case Study:Bavaria[J]. European Planning Studies,2000,8(02):201.

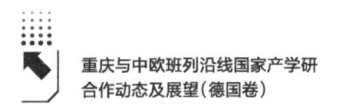

[7] Bosmann Mirjam, Hospers Gert-Jan, Reiser Dirk. Searching for Success Factors of Agritourism: The Case of Kleve County (Germany)[J]. European Countryside, 2021, 13(03): 644-661.

[8] 孟广文, Hans Gebhardt. 二战以来联邦德国乡村地区的发展与演变[J]. 地理学报, 2011, 66(12): 1644-1656.

[9] Glaser R, Gebhardt H, Schenk W, et al. Geographie Deutschlands[M]. Darmstadt: Wissenschaftliche Buchgesellschaft, 2007.

[10] 张姗. 美丽乡村建设国外经验及其启示[J]. 农业科学研究, 2018, 39(01): 73-76.

[11] 叶兴庆, 程郁, 于晓华. 产业融合发展推动村庄更新——德国乡村振兴经验启事[J]. 资源导刊, 2018(12): 50-51.

[12] 刘荣志. 德国乡村发展的做法及启示——赴德乡村建设规划标准体系培训情况报告[J]. 农村工作通讯, 2019(06): 61-64.

[13] 夏宏嘉, 王宝刚, 张淑萍. 欧洲乡村社区建设实态考察报告(一)——以德国、法国为例[J]. 小城镇建设, 2015(04): 81-84+93.

[14] 宁夏. 与乡为邻因产而兴 发达国家推动乡村产业发展的经验[J]. 农村工作通讯, 2018(02): 47-49.

[15] 叶剑平, 毕宇珠. 德国城乡协调发展及其对中国的借鉴——以巴伐利亚州为例[J]. 中国土地科学, 2010, 24(05): 76-81.

[16] 刘源隆. 重庆市"工业跃升"打造重庆制造升级版[J]. 小康, 2019(07): 70-71.

8

德国再城市化建设中文化遗产向文化资本的转化实践[1]

许 可[2] 钱 翔[3]

摘　要： 城市更新中的现实需求与文化遗产保护之间的有效融合是实现可持续发展的重要保障,但两者的冲突却时有发生,从而对城市有序更新产生或多或少的负面影响。德国城市在步入再城市化阶段后,为了有效推动城市更新与建设过程中的"产城人"融合,一直遵循文化资源向文化资本转化的发展思路,紧密围绕城市的历史人文特色,通过发展以文化遗产资源为主导的城市文化旅游来推动城市更新与产业优化,不仅有效满足了城市发展建设需求,还大大恢复了城市经济活力。本文在梳理文化资本转化相关理论成果的基础上,运用案例分析研究法,以德累斯顿为典型案例,通过总结其在再城市化阶段中围绕城市文化遗产资源所实施的文旅融合建设措施,并在"发展"与"保护"双向视角下进行合理解读,为我国存量时代城市更新背景下的文化遗产保护与活化利用提供可能的经验借鉴。

关键词： 再城市化,城市更新,城市文化遗产,文化资本,文旅融合

---

[1] 国家社会科学基金一般项目"德国乡村振兴中乡土文化遗产保护与活化利用的互动研究"(项目编号22BSH088)。
[2] 许可,德国德累斯顿工业大学博士,重庆交通大学建筑与城市规划学院副教授。
[3] 钱翔,德国弗莱贝格工业大学博士,德累斯顿工业大学建筑理论与设计研究所智能营建实验室研究员。

城市文化遗产作为一座城市历史的重要见证者,不仅塑造了这座城市独有且不可复制的身份特征,更是延续它生命力与创新力的源泉。近年来,随着国际社会对文化资源价值认识的不断深化,文化遗产作为一种利于城市可持续发展的资源在世界不同范围内被不断拓展与开发,通过合理策略将文化遗产资源转化为文化资本,以此来维系城市文脉的完整、激活城市经济活力似乎已成为一种共识。正如理查德·基恩所言,"过去能为持续变化的现在提供支撑和保障,过去也能为我们带来智慧和艺术上的灵感"[1]。如果脱离城市的历史文脉来寻求发展,就无法在经济与社会等层面提升城市更新的品质,也同样无法实现城市更新与产业发展的有效衔接与融合。因此,城市"硬"环境与历史文化"软"环境的有机结合是符合社会发展客观规律的一种必然选择[2]。但面对城市日新月异的发展,如何探索符合城市自身特色的文化资源、如何将文化遗产资源有效地转化为推动城市"产城人"融合的文化资本,是值得探讨的科学问题。

德国的文化遗产保护传统由来已久:从19世纪初Johann Christian Friedrich Hölderlin和Joseph von Eichendorff对历史保护的宣扬,到1903年开始的国土保护运动和各公国的早期历史保护立法,再到1975年,在欧洲建筑遗产年影响下当时东西德各州颁布的遗产保护法令[3]。这些传统给德国留下了丰富的文化遗产资源,由于历史原因,这些文化遗产多数位于城市中心区,与城市更新建设形成了辅车相依的关系,这一紧密联系在迈入深度发展的再城市化阶段显得尤为突出。在此背景下,德国城市一直在努力探索"产城人"融合的有效路径,目的是推动符合城市自身优势与历史人文特色的产业发展,并以此来优化城市资源配置,全面提升城市品质。因此,德国城市规划工作一直将文化遗产资源的保护与利用作为主导,积极探索如何在符合城市发展需求的前提下将文化遗产资源转化为文化资本来推动城市发展,并积累了丰富的经验。本文通过解析德累斯顿以文化遗产为基础的城市文化旅游发展举措,对德国再城市化阶段文化资源向文化资本转化的实践特征进行有效提炼与总结,不仅能为推进我国存量时代的城市更新建设提供有效的思路或经验借鉴,也能进一步帮助构建我国文化遗产活化利用长效机制。

一、资源向资本转化的理论溯源

整体而言,国内外学者们为文化遗产的资本属性以价值增值为导向来促进建筑遗产资源的资本转化已成为一种共识,也在学术界形成了一系列研究成果。我国学者对文化遗产资源的资本转换进行了积极探索。费孝通曾提出了"文化自觉"理念,认为人类社会发展的文化基础是一种资源,它既有传统的因子,也有创造的因子,脱离任何一种因子都无法让文化的发展继续。因此,应以发展的观点来结合过去与当下,为未来提供一个新的起点[4]。以此为基础,方李莉对文化遗产和社会发展之间的动态关系进行了拓展解读,通过剖析在当代社会转型中文化遗产作为资源的重要意义而提出了遗产资源论。[5]由此,一些学者逐渐对文化遗产资源的价值增值性形成了广泛认同,比如黄胜进以非物质文化遗产为研究对象,从文化资本角度解析了非物质文化遗产的内涵与价值[6];吴兴帜在认同文化遗产的资本属性的同时,对将文化遗产作为文化资本进行开发和建设,对遗产原真形态的潜在影响提出了反思[7]。还有一些学者开始尝试从文化资本理论视角来分析文化遗产的资本转化路径,包括对文化主导下的城市更新策略的研究[8]、在文化资本视野下对传统村落的保护实践研究[9],以及少数民族地区文化资本运作的不同模式提炼[10]等。

国外学者Pierre Bourdieu首次将文化资本作为一种社会学概念提出,并强调了人类发展的文化基础能在顺应社会发展规律的条件下转化为物化形式的文化资本,从而激发文化的创造潜力;同时,也总结了文化资本的其他形式,比如情绪资本、制度资本。[11]David Throsby从经济学理论出发提出了文化资本概念,在强调文化价值与经济价值相关联的基础上对文化资本的经济属性进行了讨论。[12]还有一些德国学者在德国的历史人文背景下对不同区域的文化遗产资本转换实践进行了探讨。Abankina分析了在旅游行业中对文化遗产资源进行资本转换的可行性及运作模式。[13]Coles研究了通过文化旅游将文化遗产进行资本转换的实践,并重点关注了在资本转化过程

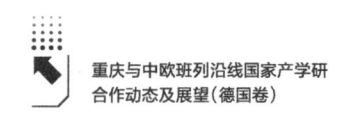

中的决策模型,以提高资本转换的效率。[14]Waitkus等学者审视了文化遗产的资本转换实践现状,并在经济学视角下对文化资本转换的发展趋势和未来挑战进行了前瞻性分析。[15]

国内外学者,从理论和实践层面对文化遗产资源向文化资本转换的可能途径进行了探索,这为本文研究提供了坚实的理论基础。尽管如此,现有研究针对德国文化遗产资源的资本转化路径研究还有进一步深入的空间,而且在城市更新背景下展开的相关研究也较为缺乏,这也在一定程度上使本文在实践层面展开文化资源向文化资本转化研究具有了一定的创新性。

二、德国城市的深度发展:再城市化

从20世纪60年代至80年代的去工业化,到90年代服务经济的崛起,再到21世纪的区域经济一体化发展。[16-17]伴随经济发展趋势的演变,欧洲城市建设也经历了不同阶段,包括城市化(Urbanization)、郊区城市化(Suburbanization)、逆城市化(Counterurbanization)和再城市化(Reurbanization)等。[18]其中,再城市化是一个深度发展的城市建设阶段。从城市更新的角度看,再城市化被定义为在城市中对房屋、商业和社区设施的新建与发展[19],其最基本的表现特征是城市中心区出现稳定的人口增长[20]。因此,再城市化的本质目的是为城市居民提升全方位的环境品质,这与我国现阶段存量城市更新以人为本的内涵存在相似之处。

在20世纪上半叶,由于战争原因,德国城市发展进入了一个相对缓慢的阶段。二战结束后,联邦德国和民主德国城市又呈现出不同的发展趋势,因此,德国不同城市进入再城市化阶段的过程略有差异。随着交通出行方式的丰富化与便利化,加上城市发展的激励性政策和外国移民向大城市的迁移,联邦德国城市在20世纪80年代开始逐步进入再城市化阶段。[21]与之相比,民主德国的城市化发展似乎与当时的社会和经济发展趋势并不对应。

在20世纪90年代初,东德人口开始向西德城市大量迁移,直到进入21世纪,东德城市发展日益加速,城市中心区出现明显的人口回迁现象,才标志着东德城市迈入了再城市化发展阶段。[22]

三、注重"产城人"融合的再城市化建设

再城市化不同于以往的城市化发展道路,在这一过程中,不仅要坚持以人为本的发展原则,更关键的是要推动"产城人"融合,即实现城市产业结构、城市居住环境及历史人文环境的有效融合。近年来,德国大型城市(除了鲁尔区)的人口数量一直处于上升趋势中[23-24],城市中心区人口数量的持续上升标志着德国城市发展已全面进入再城市化阶段。德国城市中心区多是文化遗产资源分布较集中的地区,妥善处理"新"与"旧"的关系以顺应再城市化建设的需求、适应"产城人"融合的发展需求是德国城市规划与建设工作的重点。[25-26]

在此背景下,德国逐渐认识到文化遗产资源在"产城人"融合过程中的价值增殖潜力,开始将以文化遗产为导向的城市文化旅游视作实现"产城人"融合的重要途径,并因此出台了一系列措施来更新和建设城市的物理环境,在提升居住环境质量的同时,也为城市文化旅游的发展提供与之匹配的硬件环境,保障文化遗产资源向文化资本的转化效率。

1999年,德国联邦政府启动了"社会城市"(Soziale Stadt)项目,旨在平衡东西德城市发展,通过探索城市历史文化特色来推动城市中心区的复兴,以促进城市品质的提升。[27]该项目在2020年重新命名为"社会凝聚"(Sozialer Zusammenhalt),进一步扩充了工作内容,以不断适应再城市化阶段的城市更新需求。[28]在2002—2019年期间,德国又相继开展了主要针对城市中心区的"城市改建"(Stadtumbau)项目,旨在以保护城市中心区历史环境要素为基础对城市中心区空间结构进行合理优化、对城市基础设施进行改善性建

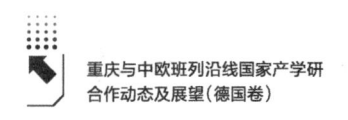

设,以满足优化城市产业结构和资源配置的需求(表1)。[29-30]

这些措施虽各有差异,但在不同程度上体现出了德国在再城市化进程中的一个核心原则,即立足于文化遗产密集分布的城市区域,以文化资源向文化资本的转化为基础,推动建设文化旅游产业,以确保城市品质的全面提升。

表1 德国"城市改建"项目资助的城市基建案例

项目所在地	项目内容
柏林的马察恩-海勒斯多夫	学校、幼儿园等社会性基础设施的改建
勃兰登堡州的哈弗尔河畔勃兰登堡	休闲中心、学校的重建及功能性基础设施的改装
萨克森州的弗勒阿	暖气管路的迁移,远程供暖设施的改建,停车区域的部分改建
勃兰登堡州的奥得河畔法兰克福	居住区内学校、幼儿园、体育馆的功能置换,技术性基础设施的改建
萨克森州的格尔利茨	技术性基础设施的改建,社会性基础设施的适应性改造
图林根州的格赖茨	社会性基础设施的改建,城市交通街道空间尺度的扩大
萨克森安哈尔特州的哈尔伯施塔特	远程供暖和给排水功能性基础设施的改装
萨克森安哈尔特州的哈雷	地下功能性基础设施的改装,学校、幼儿园、餐厅、休闲中心的重建
图林根州的奥拉河畔诺伊施塔特	学校、体育馆、外部运动设施和购物中心的改建
图林根州的北豪森	幼儿园改建为多功能的儿童中心,购物中心进行功能置换
梅克伦堡-前波美拉尼亚州的帕瑟瓦尔克	幼儿园的改建,技术性基础设施的适应性改造
梅克伦堡-前波美拉尼亚州的什未林	学校、幼儿园、食堂、青少年活动中心的改建
勃兰登堡州的维茨托克	社会性基础设施的改建,开放性空置设施的改造与再利用
萨克森州的茨维考	对技术性基础设施、教育设施、购物中心、邮局、街道的改建

资料来源:参考文献[30]

四、城市更新中的文旅融合实践：以德累斯顿为例

（一）城市历史人文背景

德累斯顿位于萨克森州，是易北河流域仅次于汉堡的第二大城市，是德国东部的文化、政治和经济中心；截至2022年，城市人口已超过56万。从13世纪建城开始，德累斯顿已有近八百年历史。在历史上，德累斯顿一直是选帝侯和萨克森王国（1806—1918年）的首府和皇家领地，因此拥有数百年繁荣辉煌的文化艺术发展史，城内建有数量众多的历史建筑群，被誉为欧洲最美丽的城市之一。

作为19世纪德国重要的工业中心，德累斯顿在两个多世纪的现代城市发展过程中经历了城市化的不同发展阶段。与此同时，这座城市一直保持着巴洛克城市的历史风貌。虽然它在二战中遭遇了大规模破坏，许多萨克森王国时期遗留下来的建筑遗产被摧毁，但是在战后人们依照历史原貌对部分建筑遗产进行了重建和修复。截至2015年6月，德累斯顿共有9315处建筑遗产被列入德国萨克森州历史遗迹名录。在再城市化建设阶段，通过合理保护并利用这些文化遗产资源推动城市文化旅游的发展，德累斯顿城市吸引了大批游客前往观光，并常年被评为德国最受欢迎的旅游城市之一，还在2023年被《孤独星球》列入德国最佳旅行目的地名单并占据首位。

（二）城市特色的挖掘与更新定位

在《德国联邦自然保护法》中，文化遗产对维系独特文化身份识别性的重要性被明确强调：为了确保历史和自然景观的多样性、特征性、美观性及经济价值，对不同形式的文化遗产，包括历史遗迹、历史建筑、自然景观等应当予以整体性保护。[31]在这一宏观的指导性思想框架下，德国各州都对州内的不同类型的文化遗产进行了要素研究和编制归类。根据萨克森州的历史环境要素分析结果，德累斯顿最具代表性的文化遗产资源主要包括巴洛克风格的城市宫殿、城郊易北河谷的葡萄种植园区、沿岸分布的聚居群（村庄

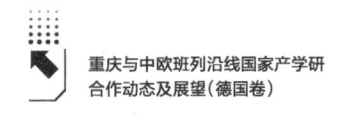

和分散式聚居点)等,较为集中地分布在德累斯顿旧城区易北河两岸,由此形成了一条极富巴洛克风情的文化遗产带。[32]

这条延绵于易北河的文化遗产资源带被称作"易北河谷",总长约20公里,从东部的皮尔尼茨宫(Schloss Pillnitz)附近的索布黑根(Soebrigen)一直延伸到西部的宇毕高宫(Schloss Uebigau),止于东北部劳茨尔区(Lausitzer)的峭壁。在2004年,易北河谷因具有突出的文化和自然遗产价值而被列入世界文化遗产名录,但在5年后因文化遗产价值受损的争议被移出了世界文化遗产名录。

尽管如此,作为这座城市历史环境与文化身份的重要标志,易北河谷依然是德累斯顿独具特色的历史人文景观。由此,德累斯顿市政部门对城市更新的定位是立足易北河谷景观,将符合城市特色的文化遗产资源通过文化旅游开发的形式转化为文化资本,以此推动"产城人"融合,实现再城市化阶段全面提升城市品质的发展目标。

(三)以文化旅游推动城市发展

在进入再城市化阶段之后,面对日益复杂的城市产业结构优化、城市环境更新与建设等需求,德累斯顿市政部门始终以文化遗产为导向,有序开展城市发展与建设工作。通过对易北河谷的保护来发掘具有不同风格与特色的文化旅游景点及线路,并积极改善城市基础设施建设,在为旅游发展提供硬件环境的同时,也大幅提高了城市居住品质。统计显示,仅在2022年德累斯顿就接待了一百多万名游客,旅游业已成为城市的支柱产业之一。[33]从"产城人"融合的角度来讲,德累斯顿探索开发以文化遗产为导向的旅游产业,为整个城市的品质提升和可持续发展提供了强大助力。

为了进一步推动文化旅游发展,满足再城市化阶段的城市建设需求,德累斯顿旅游局在2008年特别成立了德累斯顿营销策划公司(Dresden Marketing GmbH),旨在通过构建公私合作伙伴关系模式为以文化遗产为导向的城市旅游开发提供更多服务。该公司主要负责独立于市政部门的一些与城市文化遗产旅游相关的营利性活动,包括:(1)德累斯顿城市品牌的开发、管理与传播;(2)在国内外范围内打造城市形象,并提升城市知名度;(3)不同营销区域的整合经营;(4)跨行业的市场营销合作;(5)艺术与科学的衔接与融合;(6)提升游客、商业访客、国际投资的数量。

基于围绕文化遗产资源向文化资本转化的城市更新定位,德累斯顿市政部门还以萨克森《规划法》(Landesplanungsgesetz)和《州发展规划》(Landesentwicklungsplan)为基础,在2001—2009年制定并实施了以发展城市文化遗产旅游为导向的区域总体规划方案,并于2019年根据该方案的实施进度进行了措施完善与补充,比如:(1)对旅游基础设施的扩展与调整,沿着城市历史文化节点设置或完善自行车道,通过远足或自由骑行等方式提供更多城市体验机会;(2)协调数字服务和数字工作流程,通过文化遗产数据化导览等方式来加强城市旅游吸引力;(3)建立并重视城市历史环境以及相关文化休闲活动方式的多样性(表2)。[34]

表2　立足文化遗产的德累斯顿文化旅游发展措施

目标	措施	优先级别
围绕易北河谷提升城市旅游可持续性	制定旅游业可持续发展战略; 开展可持续性旅游业的认证工作; 促进、增加电动交通基础设施; 提升公共交通的份额	A
国际化活动的推广与宣传	持续考察并拓展客源市场; 在潜在市场投放营销活动	B
丰富文化创新活动形式	定位城市旅游新目标群体; 围绕文化特色开发创新活动及产品	A
城市品牌的国内外营销	参与国内外活动或贸易展览; 利用不同形式的宣传途径,例如大型广告牌	A
城市旅游发展的评估	市场调查研究	B
增加城市访客	定期监控游客数量增长或稳定趋势	A
提升旅游品质	对旅游相关从业者提供继续教育和培训; 引入现代化技术手段; 推进旅游数字化服务发展	B

续表

目标	措施	优先级别
易北河谷形象及城市品牌的管理发展	围绕特色开发新的城市旅游主题； 以新主题和动机为中心来设计营销方式	A
加强本土区域的文化遗产旅游营销	分析一日游的区域旅游数据； 分析常住人口对区域休闲、文化景观节点的旅游数据	A
加强自行车运动和远足旅游建设	增加城市骑行、户外徒步的路线开发； 完善旅游基础设施	A
观光需求增加	增加易北河谷区域旅馆房间入住率； 通过营销演讲来增加游客停留天数； 扩大酒店可预订优惠、公共交通连接优惠的范围	A
提高城市的被关注度	不同活动形式的定期沟通； 向所有合作伙伴提供相关市场调研结果	A
加强旅游信息的网络宣传	建立易北河谷的综合性旅游信息网络	A

资料来源：参考文献[34]

五、德国经验的总结与启示

我国现阶段的城市发展开始从大规模增量建设阶段进入存量提质建设阶段。在有限的城市空间内，如何以一种超越过去传统假设与行为模式的创新思维来展开城市更新和文化遗产保护工作，并通过文化遗产的活化利用来合理激发城市经济活力，在深度发展的城市更新阶段实现"产城人"融合，这无疑是一项兼具机遇与挑战的任务。从德国城市在再城市化阶段对文化遗产的处理方式中可以看出，文化遗产的价值属性能够通过产业发展的方式进行资本转化，为城市可持续发展提供长效动力，这也为我国现阶段城市更新建设中的文化遗产保护与利用工作提供了一些经验与启示。

（一）探索符合城市特色的更新定位

我国现阶段的存量城市更新不仅仅是一个对空间进行科学规划和合理利用的问题，更多的是指在现有的城市空间内实现多重城市化目标。在此过程中,应当根据城市历史文化特征来明确城市更新的定位,灵活运用文化资源向文化资本转化的思维,在城市规划建设中坚持以城市文化遗产的保护与利用为基础来展开工作,在保持城市特色的同时也激发出文化遗产资源的价值增殖潜力,将文化遗产资源转化为城市发展动力。

(二)公私协力的文化旅游经营模式

在我国城市规划建设中,虽然社会参与的文化遗产的保护与利用格局在逐渐形成,但目前的文化遗产的保护与利用工作仍然是以公共行政部门为主导,相关私营组织在其中的参与程度仍有进一步提升的空间。在城市发展的不同阶段,应当以动态发展观来完善相应的经营管理模式,积极构建公私协力的运行模式,为城市发展与建设中的文化遗产资本转化工作提供更多支持,让城市产业、城市环境与文化遗产的保护与活化利用相辅相成,这样能有效避免历史保护工作在不断深化的城市更新中陷入被动局面。

(三)文旅产业建设与城市规划的融合

文化和旅游的融合发展已成为文化和旅游发展的国家战略决策。从产业融合角度而言,文化旅游是使文化资源向文化资本转化的有效方式,但文旅融合的产业功能布局必须要与城市规划设计与建设工作深度融合,才能在城市更新过程中实现"产城人"有效融合,为城市的可持续发展提供助力。

综上所述,在追求品质提升的城市更新阶段,城市的发展与建设不能脱离城市历史人文特色,应当运用创新的产业融合思维来辩证思考两者的关系。按照遗产特征及内涵来构建文化资源向文化资本的转化路径,用文化遗产来激发城市经济活力,让其成为满足城市空间和经济增长需求的动力资源。

参考文献

[1] Keen R. Our Welsh Heritage[M]. Cardiff: Institute of Welsh Affairs, 1999.

[2] 贺云翱. 冲突还是协调: 城市化与文化遗产保护[J]. 中国名城, 2015(01): 63-66.

[3] 许可, 钱翔. Policies of architectural heritage conservation in East Asian and European countries[M]. 北京: 中国建筑工业出版社, 2021.

[4] 费孝通. 费孝通论文化与文化自觉[M]. 2版. 北京: 群言出版社, 2007.

[5] 方李莉. 从遗产到资源——西部人文资源研究报告[M]. 北京: 学苑出版社, 2010.

[6] 黄胜进. 从"文化遗产"到"文化资本"——非物质文化遗产的内涵及其价值考察[J]. 青海民族研究, 2006, 17(04): 10-12.

[7] 吴兴帜. 文化遗产的原真性研究[J]. 西南民族大学学报(人文社会科学版), 2016(03): 1-6.

[8] 高德武. 论文化主导下的城市更新实践: 成都案例[J]. 城市发展研究, 2013, 20(03): 10-13.

[9] 胡思婷, 胡宗山. 文化资本视野下环巢湖地区传统村落保护研究——以巢湖市洪疃村为例[J]. 江淮论坛, 2019(02): 24-28.

[10] 毛越华. 论少数民族文化资本的运作[J]. 贵州民族研究, 2009, 29(04): 108-111.

[11] Pierre Bourdieu P. "Cultural reproduction and social reproduction." In *Knowledge, Education, and Cultural Change*, edited by Richard Brown, pp.143-161. London: Routledge.

[12] David Throsby. Cultural Capital[J]. Journal of Cultural Economics, 1999(23): 3-12.

[13] Tatiana Abankina. Regional development models using cultural heritage resources[J]. International Journal of Culture, Tourism and Hospitality Research, 2013, 7(1): 3-10.

[14] Coles T. Diaspora. "Cultural Capital and the Production of Tourism." In *Tourism, Diasporas and Space*, edited by les T, Timothy D J., pp.217-232. London: Routledge.

[15] Waitkus N, Groh-Samberg O. "The space of economic and cultural capital: A latent class analysis for Germany. In *Empirical Investigations of Social Space*, edited by Blasius J, Lebaron F, Le Roux B, Schmitz A., pp.81-97. Cham: Springer.

[16] Clark G, Moonen T, Nunley J. *The story of your city: Europe and its urban development, 1970 to 2020*[M]. Luxembourg: European Investment Bank, 2019: 15-20.

[17] Sebastian Dembski, Olwier Sykes, Chris Couch, et al. Reurbanization and suburbia in Northwest Europe: A comparative perspective on spatial trends and policy approaches[J]. Progress in Planning, 2021, 150.

[18] Tony Champion. Urbanization, Suburbanization, Counterurbanization and Reurbanization. In *Handbook of Urban Studies*, edited by Ronan Paddison, pp.143-161. London: SAGE Publications.

[19] Susan Mayhew. *A Dictionary of Geography* (5th ed.)[M]. Oxford, UK: Oxford University Press, 2015: 427.

[20] Davidson M. New-build gentrification. *In Handbook of gentrification studies*, edited by Lees L, Phillips M., pp.247-261. Cheltenham: Edward Elgar.

[21] Manfred Nutz. *Stadtentwicklung in Umbruchsituationen*[M]. Stuttgart: Franz Steiner Verlag, 1998.

[22] Ulfert Herlyn. Stadtentwicklung in Ostdeutschland seit der Wende aus soziologischer Sicht, edited by Lothar Bertels, Ulfert Herlyn. Stadtentwicklung Gotha 1990-2000, PP.13-31.Wiesbaden: VS Verlag fuer Sozialwissenschaften.

[23] Statistisches Bundesamt. Bevoelkerungsstand: Amtliche Einwohnerzahl Deutschlands [EB/OL]. [2021-12-10]. https://www.destatis.de/DE/Themen/Gesellschaft-Umwelt/Bevoelkerung/Bevoelkerungsstand/_inhalt.html.

[24] Statistisches Bundesamt. Bevoelkerungsstand: Einwohnerzahl der 15 groessten Staedte Deutschlands [EB/OL]. [2021-12-10]. https://www.destatis.de/DE/Themen/Gesellschaft-Umwelt/Bevoelkerung/Bevoelkerungsstand/bar-chart-race.html.

[25] 郑春荣,夏晓文.德国的再城市化[J].城市问题,2013(09):82-88.

[26] Hasse A, Kabisch S, Steinfuehrer A. "Reurbanisierung-eine Chance fuer die dauerhafte Nutzung innerstaedtischer Wohngebiete?" In *Jahrbuch Stadterneuerung 2004/5*.editen by Altrock U, Kunze R, Schmitt G, Schubert D., pp.79-95.Berlin: Universitaetsverlag TU Berlin.

[27] Bundesministerium des Innern fuer Bauund Heimat. *Programmstrategie Soziale Stadt* [M]. Frankfurt am Main: Druck-und Verlagshaus Zarbock GmbH, 2018.

[28] Bundesinstitut für Bau, Stadt und Raumforschung. *Transferstelle Sozialer Zusammenhalt* [M]. Bonn: Bundesinstitut fuer Bau, Stadt und Raumforschung, 2020.

[29] Bundesministerium fuer Wohnen, Stadtentwicklung und Bauwesen. Stadtumbau [EB/OL]. [2021-10-23].https://www.staedtebaufoerderung.info.

[30] Bundesinstitut fuer Bau, Stadt und Raumforschung. *Gemeinsame Evaluierung der Programme Stadtumbau Ost und Stadtumbau West* [M]. Bonn: Bundesinstitut fuer Bau-, Stadt- und Raumforschung, 2017.

[31] Bundesamt fuer Justiz. *Gesetz ueber Naturschutz und Landschaftspflege-Bundesnaturschutzgesetz*[M]. Berlin: Bundesministerium der Justiz und fuer Verbraucherschutz, 2009.

[32] 许可,钱翔,曾卫.德国历史文化景观要素体系构建对中国的启示——以德国萨克森州为例[J].中国园林,2021,37(02):94-99.

[33] Landeshauptstadt Dresden. Tourismus [EB/OL]. [2023-07-10]. https://www.dresden.de/de/leben/stadtportrait/statistik/wirtschaft-finanzen/tourismus.php.

[34] Tourismusverband Elbland Dresden e.V. Destinationsstrategie Dresden Elbland 2020-2025 [M]. Meissen: Dresden Marketing GmbH, 2021.

9

文化政策导向下的城市"创意生态"构建策略——德国经验对重庆的启示

丁 楠[①]

摘 要: 世界各国各区域的文化进步、国力发展,莫不与政策制度的拟定及实施有关,时代发展演变下,文化政策与产业发展日益联结,文化政策已成为都市更新的核心策略。文化创意产业政策与实施,遵循不同时空中的文化文本因地制宜原则。本文通过讨论在地文化形塑、社区总体营造、创意经济加持、创意生态维系等路径,探索如何构建城市"创意生态"。本文通过分析德国鲁尔区、汉堡市、明斯特市三个代表区域的文化政策及发展成效,探讨"创意生态"构建策略。首先,通过政府参与、区域建设、节庆策划、空间策略、场域形塑等角度,阐述城市"创意生态"赖以生存的必要环境,试图指出决策者的政策导向在城市"创意生态"构建过程中所发挥的积极作用和面临的问题,为我国城市"创意生态"构建收集可参考文本。最后,结合我国最年轻的直辖市重庆的城市在地文化探讨德国城市"创意生态"构建策略的借鉴意义,与应用到重庆城市发展的可行性路径。

关键词: 文化政策,"创意生态"构建策略,城市发展

[①] 丁楠,重庆交通大学欧洲研究中心/艺术与设计研究所所长。在《装饰》《包装工程》等发表论文与作品10余篇;出版教材及教辅共5部。主持和主研省部级课题4项;主持"重庆&杜塞尔多夫文化艺术节"等社会实践项目10余项。指导学生参加国内知名展赛获国家级和省部级等级奖40余项。

在过去的二三十年中,城市的管理体制、组织方式以及发展模式均经历了显著转变。文化遗产保护、文化资本转换、文化产业发展、文化经济共促、与城市构建策略之间的因果联系成为城市发展面临的新命题。根据我国城市发展的实际情况分析,"自上而下"的文化政策导向能有效适配在地资源,避免创意经济时代的负面影响。

在经济全球化、文化多样化、政治分级化日益凸显的背景下,城市在流动资本的世界中正竞相崭露头角,同时,创意生态在城市经济发展中亦展现出强劲的发展势头。回溯至20世纪80年代,随着既有资源的日渐匮乏和制造业的逐渐衰微,对于欧洲众多城市而言,单纯追求经济规模扩张的超大城市发展模式已难以有效应对经济危机的挑战,而文化则逐渐崭露头角,成为推动城市转型发展的重要力量。[1]

德国在20世纪末也展开了一系列适应新经济发展的探索,以适应"后工业时代"城市的发展需求,从创意产业、创意经济再到创意城市,涌现出一批城市"创意生态"构建优秀案例,结合城市在地性文脉,遵循因地制宜原则,通过在地文化形塑、社区总体营造、创意经济加持、创意生态维系等路径构建不同于传统城市类型的城市,以求在愈演愈烈的城市竞争中脱颖而出。

一、文化与发展之间的联系:纵观城市的发展历程,1982至2022年的世界辩论的核心

(一)从发展模式的转变,到创意经济萌芽

20世纪末世界先进国家发展进入后现代、后工业时期,城市中心的萧条使城市管理者开始思考城市未来的发展。在后殖民论述氛围下,人们对资本主义的资本垄断与宰割、跨国企业入侵,以及因过度开发导致生产过剩、环境污染等负面影响进行了反思。国际间从政府到专家学者对文化产业、城市更新与经济发展的关系进行了持续讨论,揭示出能源过度开发、全球化

和同构型产业发展下,需要重新定义文化、产业与环境三者之间的共生关系。与此同时,曾经作为世界经济的主导力量的工业城镇期望能够摒弃过度依赖劳动力的经济模式,逐步将其转型为注重文化观光与地方创意产业发展的新型经济模式。文化和艺术将成为城市规划的重要视角和独特方法,城市规划通过融入设计与创意元素可有效提升城市的活力与魅力。文化和艺术的影响力也从博物院(馆)、美术馆、当代艺术馆、音乐厅、戏剧院走到城市、乡村风貌与人们的日常生活中。[2]

21世纪,大多数发达国家城市以及一部分发展中国家城市已经迈入了后工业化时期,如表1所示。以服务业为主导的后工业化发展时期,在城市振兴战略中,以文化设施建设和文化节举办为中心的体系正在世界各国建立起来。主要措施是发展和美化城市中心、改善城市品牌和形象,以及通过发展文化旅游和吸引会议、展览等业务来增加游客数量。[3]

表1 工业化前后城市发展阶段

发展阶段	主导产业	目标
前工业化时期	农业	解决吃穿为主的温饱问题
工业化发展时期	轻工业、重化工业	围绕衣食住行为主的小康社会
后工业化发展时期	服务业	进入以服务业为主导的消费阶段

联合国贸易与发展会议发布的《2010年创意经济报告》显示:创意经济,这一新兴的发展模式,正日益显现出其独特的活力与潜力。它将经济与文化深度融合,彰显出强大的生命力和影响力,预示着其有望逐渐成为城市发展的主导性力量。在当前时代背景下,服务经济与创意经济齐头并进,共同构成了城市生态发展。地域创新、城市发展和功能转换等方面的共同需求,正推动着城市发展模式向"创意经济"这一方向迈进,以期实现更加可持续和高效的城市发展。

2001年通过的联合国教科文组织《世界文化多样性宣言》(Universal Declaration on Cultural Diversity,下文简称《宣言》)是一个里程碑,其重申了文化与发展不可分割。自20世纪90年代起,人们大力提倡文化多样性,激发了创意资源的活力,人文因素中错综复杂的各种关系和信仰、多样的价值观、创造性表达的植入带来了文化的活态发展,及更新场域的既有价值。"文化创意"作为一种突破传统城市复兴模式的全新途径,为城市规划领域提供了崭新的视角与方向。随之而来的是以文化策略推进城市更新的先行者——德国老工业基地鲁尔区、德国汉堡市城市更新、德国明斯特市"明斯特雕塑展"等项目,为"城市'创意生态'构建策略"研究提供了具有差异性的路径参考。

(二)以政策导向为杠杆,构建城市"创意生态"

广义而言,"文化"一词所指代的是人类所创造出的各种成果与成就,这些成果与成就因不同时代、不同族群等而呈现出各具特色的文化风貌。文化政策应符合在地性文脉特征,包括信仰、风俗、艺术形式、饮食习惯、手工业等该区域的社会公共认知,及其场域中各阶层人们的基本利益。

2011年,约翰·霍金斯在《创意生态》一书中提出:创意生态就是一种"小生境"(niche)。场域中,多元化的个体以一种系统化的、具备适应性的形式展现自我,并通过思维的碰撞催生新的创意。这种"能量——表现"的交互关系在实体空间与虚拟社群中均有所体现;其核心在于构建紧密的关系网络并采取积极的行动,而非单纯依赖于基础设施的搭建。[4]其中,"多样、变化、学习和适应"这四重因素相互促进提升。简言之,"创意生态"即适合创意生活与创意生产的生存环境。约翰·霍金斯进一步将创意经济划分为以下十五个产业领域:研究与开发、出版业、软件业、电视与广播业、设计业、音乐产业、电影产业、玩具与游戏产业、广告业、建筑业、表演艺术产业、工艺产业、电子游戏产业、时尚产业以及艺术产业。

笔者由约翰·霍金斯提出的"创意生态"概念,联想到"文化生态""创意城市"等关键词,及以文化创意产业为城市核心竞争力的品牌构建等议题,通过深入挖掘城市的地域文化要素,服务城市更新,探讨如何以文化文本为引擎,推动城市经济增长,进而为城市注入新的活力。

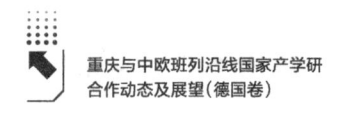

二、文化政策导向下，城市"创意生态"构建思路与成效：以德国三个典型区域为例

（一）德国鲁尔工业区："功能更新+合作型"多城市联动"创意生态"构建

在全球工业化进程中，德国工业革命具有起步晚、发展快的特点。作为第二次科技革命的策源地，全球工业实力最为强劲的国家之一，德国工业遗存景观较为集中。德国鲁尔区是西德乃至整个德国的工业重地，在两次世界大战期间是德国工业的支柱，战后也对西德的经济复苏和发展发挥了重要作用。随着城市功能与生产方式的更新，工业遗存脱离了它原本的功能。针对此类具有城市记忆承载性、可识别性的工业文化景观，因其具备人文景观再生的环境艺术构建基础，人们对原有景观遗存进行了改造，使其再生成为可供人们休憩游玩的公共场所，实现了场所文脉的延续，使空间整合共生，重现场域记忆。

1. 鲁尔区"文本"更新的契机

埃森市及其所在的鲁尔区作为一个整体被评为2010年"欧洲文化之都"。欧洲议会的评价是："这个欧洲曾经最大的工业区和采矿区向未来充满活力的大都市区转型的努力，给委员会留下了深刻的印象。鲁尔区文化的塑造可以成为欧洲其他面临类似问题都市区的行动标杆。"[5]

基于这个契机，人们进一步推动鲁尔区的产业转型，解决了区域内两大问题。其一，鲁尔区作为一个多中心的区域，其行政权力比较分散，如埃森、杜伊斯堡、多特蒙德和波鸿都未能成为鲁尔区的首府。因此在改造过程中，每个城市的政策相对独立而灵活。由于缺乏真正意义上的统一的区域自治管理机构，鲁尔区整体上只能依靠区域性政策来平衡协调各个城市之间的改造和发展。其二，鲁尔区的产业转型并不局限于发展新兴经济来促进工业结构的调整，也不是简单地保护工业遗产来推动文化旅游发展，鲁尔区的转型蕴涵了丰富的人文和生态思想。

鲁尔区的转型基于对文化景观遗存的保护与更新，在生态环境保护、城市用地优化、文化旅游推动等层面都具有重要的参考意义。

2. 鲁尔区多城市联动"创意生态"构建原则

为了凸显文化之都活动在地区发展中扮演独特的角色，鲁尔区决策层提出了以下八项原则。第一，创意推动原则：要求项目必须是有关当代艺术和反映当地风格的，而且需要有助于文化的推广、管理和协调。第二，在地性原则：希望欧洲大众能够从中感受到该地区的个性及其代表性的文化和历史，且尝试艺术创新，引入新的艺术和文化形式。其中代表性文化和历史源于该区域的历史记忆、场地的变迁、自然和工业活动带来的改变、人的情感寄托等。通过对工业遗存中象征性景观的"保存"与"更新"，从艺术创新的角度创造"可读性"互动场域、空间、艺术形态及跨媒介作品，使参与者在场所体验的过程中，逐渐认识场所精神，从而进行深入理解，获得认同感。在远期保持好当地的传统文化特色，这不仅要考虑参观者的需求，还要考虑居住者的意愿。最终人人都能接触到文化遗产以及融入地区文化的创新活动，并理解它。第三，教育性原则：文化之都活动必须包含供儿童和青少年参与的项目，使他们更深入地了解艺术和文化活动，同时给他们空间去表现自我。第四，平等性原则：项目必须根植于当地的社会结构（如郊区草根阶层参与的项目以及文化互动的项目）。第五，传播性原则：必须以多种语言、多种媒介进行宣传，便于其他地区的人了解。第六，产业共建原则：文化之都活动应能推动经济发展，特别是地区的就业和旅游业。文化之都活动必须应对创新文化旅游的挑战。第七，遗产保护原则：项目必须重视建筑遗产，应整合到新的城市发展计划中。第八，文化外交原则：文化之都活动应促进欧洲文化与世界文化的互动和对话。[6]

3. 鲁尔区"欧洲文化之都"的整体规划

综上所述，2010年的活动在鲁尔区的五个城市（埃森、波鸿、多特蒙德、杜伊斯堡和奥博豪森）展开，同时分为两个部分——"探索鲁尔"和"体验鲁

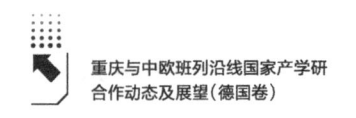

尔"，这些活动项目构成了"埃森鲁尔2010年文化之都"的整体框架及丰富内涵，如图1所示。

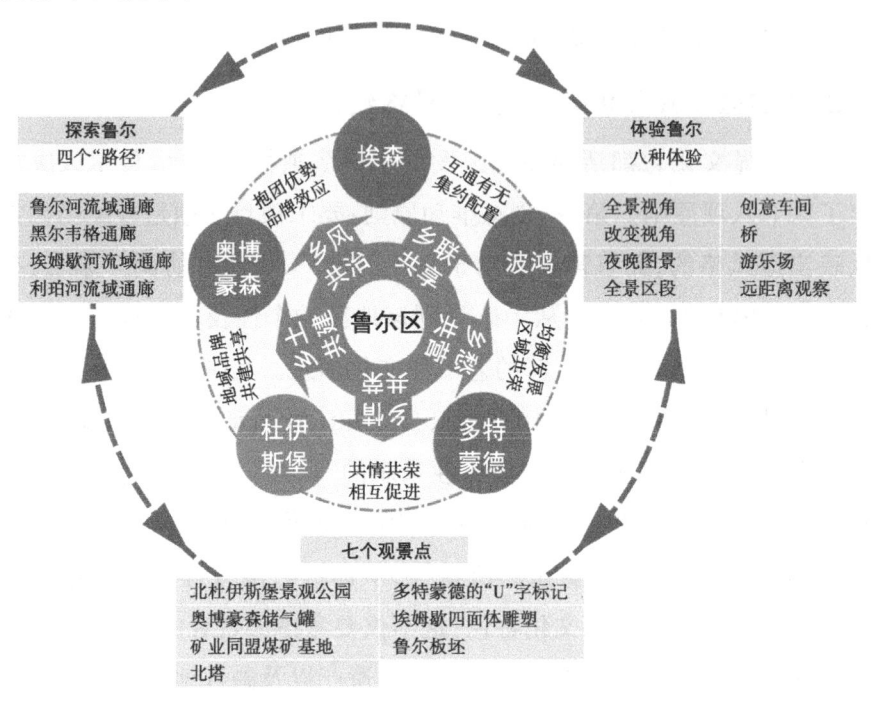

图1　鲁尔区"欧洲文化之都"活动整体规划

首先，多个地方政府和组织联动参与，为活动成立了鲁尔2010有限公司，全面负责组织活动，打破了鲁尔区转型的僵局——缺乏统一的协调机制。公司采取公私合营的方式，股东包括埃森市政府、鲁尔区域协会、北威州州政府以及"鲁尔区行动会"——一个由区域内68个大型公司代表组成的委员会，共同为鲁尔区协调发展出谋献策。其次，德国联邦政府提供财力支持，希望借"欧洲文化之都"的机会，激发地区的活力。除此之外，区域内各个城市在转型中加强联系与统一行动也成为共识。正如盖尔森基兴的市长奥利弗·维特克（Oliver Wittke）所说：在欧洲城市里，埃森和多特蒙德都只是中等城市，但整个鲁尔区有550万居民，通过"欧洲文化之都"类似的活动，使整个鲁尔联合起来，才能与伦敦和巴黎竞争。

鲁尔区利用2010年"欧洲文化之都"活动的契机，将更多的文化内容注入老工业基地中,从而给旧工业空间赋予了新的含义和作用。这种软性的改造正逐渐成为鲁尔区转型的新路径,其过程虽烦琐漫长,但促进了社会、经济结构和城市空间的同步发展。

目前中国的城市空间正以前所未有的深度和广度进行着转型,但如何在快速发展中保留城市的历史印记,构建新旧共生的多元的城市文化和空间,形成平稳升级的社会经济结构,是值得深入思考的问题。德国埃森鲁尔的"欧洲文化之都"活动,不是以简单的工业遗产保护来发展旅游,也不是以大拆大建来推动经济发展,而是在转型中蕴涵了丰富的文化内涵,使地区的人文建设与空间改造同步协调发展,这一点无疑对我们具有重要启示。

(二)德国汉堡市:"整体规划+变迁型"内城"创意生态"构建

汉堡,作为德国仅次于首都柏林的第二大城市,同时也是德国的一个城市州,其与联邦州享有同等的权利和地位。

1. 汉堡市的文化创意经济数据

汉堡的城市发展政策颇为支持创意工作者。汉堡有超过64000人正在从事媒体、广告、音乐、建筑、表演艺术、应用艺术和文学等行业,另外还有数以千计的自由职业者在相关行业中自主工作着。汉堡市创意产业与供应商和客户直接或间接产生的经济杠杆效应[8],以及由此激发的次级效应(如价值链上员工的购买力)。2013年,汉堡市创意产业的劳动力约有87000人(约占汉堡市全部劳动力的7.4%),创造了约110亿欧元的营业额(约占汉堡市全部产业的2.6%)和约40亿欧元的总附加值(约占汉堡市全部产业的4.9%)。[9]由此带来的旅游效益也相当可观:城市每年约有400万人的酒店入住量和约1亿人的日访问游客量。大多数游客是来观看戏剧、音乐会或者参观博物馆的,由此产生的文化消费约为10亿美元。由以上数据可见,文化和创意产业对汉堡的发展具有极其深远的意义。[8]

除此之外,2013年营业额最高的是新闻市场,为汉堡市创意产业的总收入贡献了39亿欧元,占总市场的31.8%,依次是广告市场(24亿欧元,占

19.6%)、设计业(14亿欧元,占11.3%)和电影业(14亿欧元,占11.3%)。软件/游戏行业以11亿欧元(8.8%)位居第五。这五个子市场的收入占汉堡市创意产业收入的80%以上。

此外,从2013年汉堡市创意产业收入营业额和创意产业收入占比数据可见汉堡市的文化和创意产业在推动经济发展、增加就业以及提升城市形象等方面均发挥了巨大作用,对于汉堡市的未来发展具有极其深远的意义。(如表2)

表2　2013年汉堡市创意产业收入表

市场	营业额(亿欧元)	占总市场比例(%)
新闻市场	39	31.8
广告市场	24	19.6
设计业	14	11.3
电影业	14	11.3
软件/游戏行业	11	8.8
合计	102	82.8

2. 德国汉堡市的文化政策为文化创意产业提供了养分

汉堡市文化创意产业的迅猛发展得益于许多政策的颁布。在1949年颁布的《基本法》中有一条与文化和艺术直接相关的规定:艺术、科学、研究和教学应该是自由的。这一条款不仅保障艺术家有权免受国家干预,而且授权国家采取振兴和繁荣文化和艺术的法律或政策。1981年8月2日生效的《艺术家社会保险法》,对自由职业艺术家、记者和作家进行了特别保护,包括法定健康观测、老年看护与养老保险。艺术家、记者和作家与普通雇员一样,只需支付一半的社会保险费,其余的"雇主份额"由那些雇佣艺术家、记者和作家或推销其作品的公司缴纳。汉堡市文化创意产业的蓬勃发展,得益于一系列政策的颁布与实施。1998年,联邦政府首次设立了联邦政府文化事务和媒体事务专员一职,此举对于推动文化创意产业的发展具有重要意义。此外,汉堡市还受益于历史上重要法律文件的颁布。在1919年,人类历史上第一部较为明确地规定公民文化权利的宪法——《魏玛宪法》诞生。这部宪法为公民的文化权益提供了坚实的法律保障。

国家通过提供补贴的方式,将艺术家社会保险基金的40%作为"雇员份额",专项用于艺术家的资金支持。在宪法体系上,州宪法相较于联邦宪法,对艺术与文化领域的关注更为显著,其相关规定也更为详尽和具体。这使得在联邦制框架下,各州能够更为灵活且有效地保障文化的多元性。实际上,各州在文化领域扮演着至关重要的角色,他们负责制定各自的文化政策与法律优先事项,为当地的文化机构和文化企业提供资金支持,并致力于推动具有区域特色的文化发展。

3. 城市人文景观生态——场域价值跨界升级的杠杆

人文景观即文化景观,作为自然与人类创造力相互融合的成果,集中展现了该区域的人文内涵,分为以实物为载体的物化形式,以民俗文化为主的精神形式。具体包括遗址文化景观、建筑与设施景观、文化艺术景观、风土人情景观、民俗文化景观等类型。人文景观的有效构建能拓展城市景观功能性、文化氛围多元性。

始于2000年的汉堡市南部的"港城"(Hafencity)作为欧盟区最大的内城发展项目和世界最有名的滨水区项目,以加入文化奇观建筑的思路,打造了港城的地标——结合了酒店功能的"易北交响乐厅"(Elbphilharmonie),由曾设计过北京奥运会国家体育馆、伦敦泰晤士河南岸同泰特现代艺术馆的瑞士建筑师雅克·赫尔佐格(Jacques Herzog)和皮埃尔·德·梅隆(Pierre de Meuron)建筑事务所共同设计完成。在政府的主导与规划下,老港口的仓库区脱胎换骨,成为城市文化生活的新地标。国际知名的建筑师们,携其精心设计的建筑单体方案,共聚汉堡,共同打造港城建筑盛宴。荷兰建筑师雷姆·库哈斯(Rem Koolhaas)在港城亲自操刀,参与了科技中心的设计工作;意大利的马西米利亚诺·福卡斯(Massimiliano Fuksas)则以其独特的视角,设计了一个交叉路口的通道,为城市交通带来时尚元素;伊拉克裔英国女建筑师扎哈·哈迪德（Zaha Hadid）以其非凡的创意，将港城的林荫步道华丽变身，打造出了汉堡迄今为止对游客最具吸引力的兰顿大桥（Landungsbrücken），为城市景观注入了新的活力。

此外，汉堡市还遵循城市"创意生态"中的平等性原则，于 2010 年修订了港城总体规划，针对不同人群提供更多的新建居住空间。以吸引多元文化和大量创意工作者的入驻，避免对城市精英层的单向倾斜，为城市建设注入丰富的都市元素。

4. 城市老区"创意生态"——传统工人街区创意孵化和空间共享

老城区汇聚了诸多临时性与多样性的特色元素，其中，内城西部的善泽区、圣保利区及阿尔托纳区等创意热点区域尤为引人注目。这些地区均为传统的工人住宅区，拥有众多历史悠久的厂房、屠宰场以及商用内院，见证了城市的工业发展历程。自二十世纪八九十年代起，汉堡市政府便将这些传统工人街区列为重点改造对象，并投入大量资金用于改善基础设施。为推进改造进程，汉堡市于 1989 年专门成立了"城市更新和发展公司"，其主要职责在于保护和更新老街区，使之成为住宅和中小企业的聚集地，并全面改善该地区的居住条件。

建筑师 Mirjana Markovic 在保留 Wilhelm Emil Meerwein 和 Bernhard Hanssen 于 1879 年创作的特色建筑的基础上，对马格德堡港盆地的 Kaispeicher B 仓库进行翻新，将其改建为汉堡国际海事博物馆。位于 Harburger Gummi-Kamm-Compagnie 受保护旧址的 Prototyp 汽车博物馆，展出包括稀有的汽车偶像和传奇赛车，以及壮观的临时展览，如 2017 年的宝马艺术汽车展，包括安迪·沃霍尔（Andy Warhol）、罗伊·利希滕斯坦（Roy Lichtenstein）、AR Penck 和杰夫·昆斯（Jeff Koons）的模型。上港，自 2011 年以来，该社区经历了一个漫长的过程，最终转变为一个新的文化和创意区，成为汉堡创意产业最时尚的热点之一，由于其空间特性以及跨学科和参与式的导向，它甚至成为全德国的典范。

但"绅士化"带来的负面影响随之而来，如租金上涨和对原住民的排挤，导致城区工人相继被艺术家、创意者、学生和不断增加的收入较高的高级学者取代。创意者借助艺术手段、文化活动和经营多样化咖啡馆等方式，成功提升了整个区域的综合价值，然而这一系列的举措也引起了高收入阶层的关注。尽管这些非官方渠道引导下的地区升值现象对善泽区产生了积极影响，但随之而来的负面影响也导致了社会矛盾的潜在风险。

5. 城市创意区构建，营造多元文化艺术生态场域——IBA汉堡项目

与上述案例不同，汉堡市的威廉堡区采取了不同的城市开发策略。威廉堡区被视为"跨越易北"计划的重要项目。在自北向南的发展中，易北河南侧出现了大量空置用地、低收入阶层和社会问题。为了促进土地开发和防止贫民区化，汉堡市将艺术和创意氛围作为城区发展的政策重点。

2013年，IBA汉堡项目在威廉堡区推进城建工程，举办了多种建筑竞赛。具有创新性的"混合房屋"和"水房子"落成，吸引了众多居民。IBA还积极支持文化产业和艺术家的参与城建，避免单一依赖"创意阶层"。该方案更强调艺术和文化的非物质功能，并不仅仅关注经济促进。为激发参与者的潜力，该区域包容多样社会阶层，包括不同地区的移民，并推行广泛的文化政策，如移民后代成长计划、妇女培训、生态保护等。

6. 移民后代的"成长计划"

威廉堡区文化多元，居民来自非洲、亚洲和东欧。文化多样性和移民后代导致社区生活受阻，IBA采取措施推动创意发展。在就业指导上，通过音乐节和城区活动展示音乐行业的就业机会。学校教育激发创造激情，支持团队合作。自2012年起，"音乐工坊"为音乐爱好者提供了交流、排练和演出机会。IBA与城区学校和音乐行业合作，为受教育层次较低的青年提供更好的工作机会。

7. 失业妇女培训政策

"本地经济、教育和培训中心"项目针对的是职场前景不佳的成年人。该项目不仅提供培训，还注重创造与艺术家和教育机构合作的机会。政策

导向下,失业妇女获得纺织、服装、设计行业的培训及就业机会。优质廉价劳动力吸引服装设计师进驻,从而促进当地就业。项目还提供德语和商业知识培训,并在老工业厂房的基础上扩建房屋,以容纳更多岗位和培训点。

8. 创意园区生态保护措施

"艺术家联盟"项目,旨在面向城区外的创意工作者提供一个综合性的创意空间。项目充分利用旧行政楼资源,携手创意工作者共同构建集摄影棚、艺术工作室、办公场所、活动空间和居住设施等功能于一体的综合功能区。2012年,约60位画家、雕刻家、建筑师、版画家、摄影师、舞蹈家及演员等多元领域的创意工作者,基于优惠的租金条件和长期稳定的租赁合同,集体入驻该区域。此举不仅确保了项目规划的明确性与稳定性,同时有效规避了"绅士化"现象可能对项目造成的潜在不利影响。

汉堡文化政策具有全面性整体规划到变迁型改善的特征,通过对口岸区域的文化形塑,如地标性建筑的建设、老城社区街道总体营造、创意聚合区各类驻留计划加持等综合实施路径,实现了在宏观政策关怀中的自由生长,使汉堡市的"创意生态"得以维系,并呈现出欣欣向荣之势。

(三)德国明斯特雕塑项目:"实验开拓+自发型"艺术场域"创意生态"构建

"明斯特雕塑项目"展,旨在推动城市内部的美学启蒙。而威尼斯双年展的初衷并非出于旅游业发展或国际影响力的提升。它致力于突显本土特色与地域性,深化与市民日常生活的互动与对话,进而对德国二战后城市中心的重建问题进行深刻反思。由威斯特法伦州立美术馆的策展人 Klaus Bussmann 与 Kasper König 共同策划并推出。[10]

第一届"明斯特雕塑项目"展被理解为具有里程碑意义的一次公共艺术节,标志着艺术领域从精英艺术向大众艺术的重大转变,为艺术的发展注入了新的活力与可能性。公共艺术通过"露天展览"形式呈现,LWL博物馆承担起公共审美教育的角色。一方面,它邀请知名艺术家将前沿艺术实践展示给民众,为当地民众提供国际视野,并促进艺术交流;另一方面,它为外来艺术家和游客提供了一个了解明斯特的窗口。"明斯特雕塑项目"展帮助外来艺术家创作出符合当地文化特色的艺术作品,同时为游客提供更加丰富的在地体验。此外,艺术节期间还举办了多种形式的讲座、研讨会和导览活动,并将公众教育延伸至艺术节之后。在艺术节之外,本土艺术机构积极推广文化艺术产品,推动区域文化产业的繁荣发展,促进文化产业与其他地方产业的互利共生。[11]

除此之外,明斯特雕塑展的所有在地创作都将在活动结束后,被合理安置在城市公共空间中,以延续活动为城市带来的溢出价值,如城市形象的提升、城市IP的构建等。

成功的艺术节需要三个重要环节:根植于地方的艺术机构,是当代艺术与民众的桥梁;提供全面政治和经济支持的政府,扮演着艺术节的项目委托人角色;积极参与的地方社区既是观众也是东道主,既是这场公众教育的参与者,同时还是文化生产和文化消费的体验者。

三、中国最年轻的直辖市重庆的城市"创意生态"问题及现状

重庆,三千年历史沉淀的城市,文化底蕴深邃厚重。作为长江上游经济中心及西部唯一的直辖市,展现了时尚、包容、开放的现代化都市风采。

加之,重庆市政府重视文化创意产业和旅游业发展,制定实施了科学、系统的发展战略和行动方案。虽起步晚,但发展迅速,呈现多元化态势。主要涵盖影视(动漫)展览、创意园区、主题公园、历史文化街区、文创街区及文化艺术节等。这些发展战略和行动方案丰富了重庆文化内涵,为城市发展注入新的活力,促进了可持续发展。[12]

政府在文化政策导向下对地标性文化建筑的规划、历史文化的保护、创

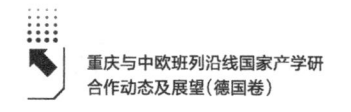

意园区的建设、公共空间的美化等举措使重庆城市的综合印象整体提升,但在城市更新进程中,也伴随着诸多问题。

开发碎片化、跨区域联动不足,影响整体发展效能。系统的整体规划对于城市"创意生态"的健康发展而言,是确保城市文化创新活力得以充分释放的关键所在。鉴于老城产业格局的制约及资源配置的现实状况,目前重庆文化创意产业的发展受到了一定程度的影响。创意型中小企业、创意工作室、创意产业园区、主题公园、历史文化街区、文创街区等,散布在各行政区域,呈节点性、片段性划分,以废旧厂区、园区、街区及自发性零散点为主要构建方式,缺乏系统的整体规划,难以实现理想的市场要素组合,在一定程度上制约了城市"创意生态"的发展。

(一)发展途径:发展方式与活化模式单一,制约文化体验创新

从城市发展角度看,城市可分为中心、老区和新兴区域,各区域需采用差异化发展方式和活化模式,如德国汉堡的文化政策。

重庆作为国家历史文化名城,西部重要老工业基地,其工业发展经历了近代工业萌芽发展期、近代工业蓬勃发展时期、新中国建设恢复期和三线建设四个阶段,域内拥有丰富多样的工业遗产资源,具有重要的历史文化价值和旅游价值。当前,重庆工业遗产的活化实践主要采取单体综合性利用和独立文化创意产业园模式。单体模式关注历史、空间、经济和社会价值,如重庆钢铁厂片区工业博物馆的改造,为城市片区赋予了新的意义。文化创意产业园模式以经济和社会价值为导向,注重历史价值传承,如北仓和鹅岭二厂创意园区,通过植入多元功能模块,创新利用工业遗产空间。然而,单一模式未能充分利用重庆工业遗产资源,难以满足民众多样性文化体验需求。[13]

(二)驱动模式:更新城市空间与场域动能不足,限制发展策略迭代

城市"创意生态"的构建理应是一个充满活力、多元化的持续过程。在

可持续发展理念指引下,其发展路径必须紧密结合各地区的资源条件、经济基础和政策环境,因地制宜地采取不同的发展驱动模式,以最大化发挥综合效益,并有效规避产业动力不足和空心化等问题。此外,应合理整合政府、企业、公众等多方力量,选择适配性高的发展路径,以促进产业的活化利用。目前,重庆主城区创意产业的规划与发展主要采取政府主导和企业协作的模式,但后续政策支持和持续关注度不足,驱动类型相对单一,缺乏社会各界的广泛参与。这种局面可能导致决策过于倾向于某一方面或片面化,不利于社会文化的多元化交流与活化。因此,要重新审视并优化现有的发展策略,引入更多元化的发展驱动模式,以实现城市创意生态的可持续发展。

(三)文化精神:文化的演绎与功能的规划不足,阻碍融合发展进程

城市"创意生态"系统涵盖城市的人文风景营造、传统街区的创意孵化、社区公共空间升级、新兴创意区的构建等,其衍生出的各个场域的共生机制,也是值得我们研究的。文化精神的定位导向该地区的产出趣味,在文化创新的过程中,应充分了解不同社群和功能诉求,有针对性地进行文化活化与品牌构建。同时,文化演绎应考虑为地区带来的持续导向,避免空间、场域趋同,文化艺术审美价值不高等问题。在文化体验层面,打造城市个性名片、保护更新区域的历史记忆的过程中有较多细节需要精细化把控,随遇而安或者随波逐流的规划会导致整体文化体验的趣味性不高,吸引力不足。

四、重庆内城"创意生态"构建策略

保护并活化城市文化元素,完善政策保障制度,引导全民参与协同治理。政府需建立保障体系,确保项目落地。针对城市中心、老区及新兴区域,应评估其功能、社群及未来发展潜力,利用现有条件进行更新构建。

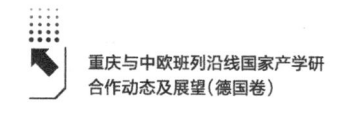

(一)加强城市内外的跨区域联动,辐射发展

重庆作为西南内陆港,地标性滨水文化建筑的塑造优势突出。来福士的落成为重启江北嘴半岛CBD—朝天门—南滨路滨江景观文化带的经典轮渡线路创造了条件,形成强强联动,不仅唤起了重庆人共同的文化记忆,还吸引了大批游客来欣赏重庆山水的风采。与德国汉堡港城类似,重庆来福士将重庆"九开八闭"的城门历史呈现在大众面前。除此之外,重庆来福士将以展览、交流会等形式活化历史和文化,成为中外艺术家的交流展示场所、艺术家的互动平台,实现文化艺术的交流和碰撞。滨江区"两江三区四岸"的发展联动逐渐凸显。

重庆市的工业遗产群要得以存续并受到充分保护,必须在"自上而下"的规划指导下,实现区域间的联动与辐射发展。鉴于工业遗产主要集中于重庆主城区及其周边区县,地方政府之间应加强合作,共同制定工业遗产联合品牌开发策略,通过整合区域遗产资源,实现区域联动,进而打造文化旅游示范区,以促进工业遗产的可持续发展与文化传承。[14]

此外,成渝经济圈的可持续长足发展,在协同治理方面,可参考鲁尔工业区"功能更新+合作型"多城市联动"创意生态"构建模式。为确保城市各区域构建运营生态的和谐发展,可针对工业遗产群的项目管理,构建一套由政府、企业以及市民共同参与的管理委员会机制。保障创意生态联动的各方面事项能够得到及时、有效的解决,从而实现工业遗产群的合理利用与可持续发展,推动城市文化、经济和社会的共同进步。

在构建城市"创意生态"过程中,要鼓励跨区域、跨界合作和创新,促使各区域产业、资源互动,创意人才、文化机构、教育机构、科技企业等充分合作,结合不同领域专业视角、各区域的建设基础寻找合作的契机,共谋发展。

(二)适时驱动助力城市老区"创意生态"构建

20世纪60年代末,德国政治活动家希尔玛·霍夫曼提出了文化民主化口号,强调文化应面向公众,深入城市每一个角落。重庆九龙坡区黄桷坪街区文化艺术聚集地,就是希尔玛·霍夫曼所述的典型又特殊的例子。黄桷坪是重庆唯一保留的人文艺术半岛，承载了重庆过去的城市身份，具有独特的人文生态，是艺术交融的老区。"黄桷坪"这个名字对于中国西部直辖市重庆的城市化进程而言，显得边缘。尽管政府曾几经修整，但它依然停留在工业时代遗留下来的记忆里。当前，黄桷坪这个充满历史与文化底蕴的老旧社区，在"旧"与"新"的交融中，迎来了一系列挑战与全新的机遇，而艺术的参与更是为其注入了新的活力与生机。

作为四川美术学院的老校区所在地，这里汇聚了丰富的艺术资源，为创意产业的发展提供了肥沃的土壤。通过创新的方式，老街区得以焕发新生，转变为承载艺术功能的新领地。艺术与工业遗产保护及改造利用紧密相连，艺术家们在其中扮演着重要的角色，他们以独特的创作视角和敏锐的审美眼光，不断创造出令人惊叹的艺术作品。

在重工业城市的大背景下，黄桷坪街区为"艺术空间"的孕育与发展提供了坚实的基础条件。2005年6月，由四川美术学院规划的占地一万多平方米的"坦克库·重庆当代艺术中心"正式成立。2006年至2008年的三年时间里，501艺术仓库、102艺术基地、U库、管家林艺术区、糖酒库、滩子口仓库等大大小小的艺术空间扎堆似的出现在黄桷坪这个占地只有5.08平方公里的社区里。"艺术空间"成为黄桷坪一道特有的、无处不在的艺术景观，可以说这是黄桷坪街区的艺术能量辐射向九龙半岛的一个起点。

除此之外，黄桷坪街区涂鸦街的落成，街区公共空间的美化提升，黄桷坪文化艺术节与其保留下来的创意市集以及光影艺术节等都让这片从来不乏艺术氛围的街区，逐步形成了其独特的场域IP。

从重庆南站、坦克仓库、九渡口到电厂，这些人文景观及工业遗存都见证了该区域的发展进程，在政府规划下的九龙艺术半岛各区域联动将形成抗战历史见证、工业文明先锋、当代艺术圣地三位一体的场域。

类似德国汉堡市的"创意生态"构建，九龙半岛在发展驱动中还应充分保护与营造多元性社群，避免"绅士化"的负面影响；维持艺术先锋们所带来的积极效应，使其非营利性艺术空间免于生计困扰等。同时，对于该区域的青少年、失业人群还需要制定适应性的政策。

在九龙艺术半岛的"创意生态"构建案例中我们能找到很多得天独厚的艺术因素,但典型案例具有特殊性,重庆其他区域的老区"创意生态"构建仍需要遵循因地制宜原则。不过,从九龙半岛的城市发展进程及汉堡的经验中,我们发现在老区"创意生态"的构建中政府过早介入容易产生"空壳化""绅士化"现象,九龙艺术半岛建设的顺利推行也得益于决策者适时的宏观政策导向,促成以点带面的驱动格局。

九龙艺术半岛的后期运营还需持续关注创意产业的培育、创意空间和集群的营造、文化创意活动和节日品牌的打造、社区参与和共享价值提升等,这也是各区域"创意生态"构建可参考的思路。

培育创意产业。城市可以通过提供创业支持、艺术家驻地项目、创意企业孵化器等手段,吸引和培育创意人才和创业者。这些创意产业可以与城市的文化遗产相结合,打造独特的创意产品。

营造创意空间和集群。建设创意空间和集群是城市"创意生态"构建的关键。这些空间可以是艺术中心、创意园区、创客空间等,为创意人才提供工作场所和资源支持。通过将这些空间与城市的文化遗产区域相连接,可以促进创意的碰撞和创新。

打造文化创意活动和节日品牌。举办各种文化创意活动是展示和推广城市文化遗产及新思想的重要途径。这些活动可以包括艺术展览、设计市集、音乐节、文学节等,以吸引来自各个领域的创意人才和观众。通过举办这些活动,城市可以展示自己的创意实力和文化魅力。

社区参与和共享价值提升。城市"创意生态"的构建需要社区的参与和共享价值。城市可以鼓励居民参与文化创意活动、艺术项目和社区项目,增强社区的凝聚力和活力。同时,城市还可以倡导有文化创意的共享经济模式,让更多人分享城市的文化资源和创意成果。

五、结语

在城市振兴战略中,通过构建城市"创意生态",我们可以将文化遗产与创新创意相结合,为城市注入新的活力和吸引力。城市"创意生态"的构建,不仅能有效提升民众审美水平、公共空间形象、城市品牌形象,促进城市的经济发展、文化传承,还能促进文化的交流、经济的联动、资源的共享,驱动文化旅游的发展,吸引外来投资等。城市文化政策应坚持适合性导向,推进"创意生态"长久机制建构,同时产生经济连锁的可持续性效应。

参考文献

[1]徐苏斌.从文化遗产到创意城市——文化遗产保护体系的外延[J].城市建筑.2013(05):21-24.

[2]张国治.从"社区总体营造"到"创意城市"——台湾地区文化创意产业政策发展与具体实践[J].临沂大学学报.2014,36(02):94-98.

[3]徐舒静.文化政策导向下的西方发达国家创意城市构建策略研究——兼论对我国创意城市构建的启示[D].济南:山东大学,2014.

[4]李豫闽.察言观色:海峡两岸文化创意产业词语释义[C].台北:两岸文化发展与创新——第四届两岸文化发展论坛文集,2016:71-75.

[5]海尔曼·皮拉特.德国鲁尔区的转型与区域政策选择[J].杨志军,译.经济社会体制比较,2004(04):72-75+60.

[6]张兴国,周挺.2010年"欧洲文化之都"——德国埃森鲁尔旧工业区转型新路径活动[J].新建筑,2011(04):108-111.

[7]莱纳·穆勒.德国汉堡的创意城市发展策略[J].刘源,译.国际城市规划,2012(03):25-29.

[8]张宏.德国汉堡市的创意产业发展研究[J].艺术与设计(理论),2022,2(12):43-45.

[9]姜俊.从1977到2017:记"明斯特雕塑项目"展[J].公共艺术,2017(01):5-17.

[10]姜俊.反思地方文化艺术节[J].艺术工作,2021(04):33-36.

[11]张玉蓉,齐天翔.重庆文化创意旅游发展现状研究[J].合作经济与科技,2014(20):28-30.

[12]程懿昕.城市滨水工业遗产特征与活化策略研究——以重庆主城区为例[D].重庆:重庆大学,2021.

[13]张磐,姚宇捷,张勇.重庆工业遗产群旅游开发研究[J].西南科技大学学报(哲学社会科学版),2021,38(03):26-36.

[14]俞可.社会转型中的黄桷坪艺术空间[J].美术观察,2018(05):23-25.

10

铁路可达性对德国城市发展的影响

温 泉 袁圆圆[1]

摘　要： 新的交通基础设施改变了可达性的空间分布，从而影响到一个地区的发展潜力。在过去的几十年里，高速铁路（HSR）的建设虽然显著提升了相连地区的铁路可达性，但同时加剧了地区之间的发展不均衡。本文分析了德国目前规划的铁路项目对2030年区域可达性的影响，考虑到德国的空间和网络结构与其他国家不同，通过使用潜在可达性和度中心性指标，研究发现到2030年，德国铁路网络将呈现出区域可达性平衡化和多中心化的趋势，这强调了铁路网络的整合和提升不应该局限于高速铁路（HSR）网络本身，而是应该扩展到整个铁路网络。本文通过评估铁路网络改善后对人们可达性的潜在影响，以期帮助决策者更全面地考虑不同区域的需求和潜力，从而更有效地分配资源和规划铁路网络。

关键词： 铁路可达性，城市发展，德国

在过去几十年里，欧洲的铁路运输经历了显著的复兴，主要表现在乘客数量的增加和投资的增长上。欧洲铁路运输的复苏受到了多种因素的影响，其中包括生态优势、技术进步和服务改善。高速铁路（HSR）的引入增强了客运铁路相对于航空和公路运输的竞争力，并且对铁路可达性的空间差异化分布产生了一定的影响。但可达性对区域经济发展的影响仍存在争

---

[1] 温泉，重庆交通大学建筑与城市规划学院副教授。袁圆圆，重庆交通大学建筑与城市规划学院硕士研究生。

议,需要从跨区域和较长时间跨度的比较角度进行研究,分析、量化和可视化可达性本身的变化。[1]可达性对区域经济发展的影响尤其与高速铁路(HSR)对区域可达性的影响相关。一方面,有人认为高速铁路主要对中部地区有利,特别是在并行常规铁路服务减少或停运的情况下。然而另一方面,有人研究发现,如果高速铁路与常规铁路网络系统集成良好,它对可达性公平性仍然有积极影响。

虽然中国和西班牙铁路网络的快速发展引起了学者对铁路可达性的广泛关注,但关于德国铁路可达性变化的研究相对较少。德国的联邦政治决策和分散的定居点结构使其高速铁路的建设在车站布局、传统铁路系统和当地交通的整合,以及网络结构和路线方面不同于更集中化的国家,这使得德国的案例对于研究高速铁路系统的建设和影响有十分重要的意义和作用。德国最近的交通基础设施计划设想在2030年之前对铁路网络进行进一步的大规模投资,一方面是8条高速铁路线路的升级计划,另一方面是通过改善换乘点和更直接的跨区域连接来提高常规铁路网络效率的方案。本文在区域层面上量化了德国目前计划中的铁路项目在2030年之前带来的铁路可达性变化,重点分析了其综合方法引起的可达性变化的空间分布模式。

一、欧洲背景下的铁路可达性变化及其与区域经济发展的关系

在过去的几十年里,随着政府支持和资金投入力度加大,铁路基础设施改善的空间特征和发展影响引起了广泛关注。然而,可达性对区域发展的影响仍存在争议。一方面,新古典主义经济理论认为可达性提高会促进区域间的趋同。这种观点认为,持续的不平等可能是生产要素自由流动的障碍。在新古典主义框架下,减少通勤时间可以改善资源的分配,并通过私营

部门的连锁反应提高整体的生产力。考虑到规模经济,可达性的提高还可能使小型和边缘地区的集聚和网络效应产生积极的溢出效应。在区域内部,区位理论可以使用可达性作为解释经济活动在空间上如何分布的因素。因此,铁路可达性可以被视为企业和家庭的一个区位因素。

铁路接入网(即铁路连接到交通网络)在货物运输领域也一直扮演着重要角色。然而,在欧洲等地,这种铁路接入网的作用不仅体现在货物运输上,也越来越体现在第三产业(服务业)中。第三产业中的人们利用铁路通勤的时间来工作,因为铁路可以直接将他们从居住地带到市中心,这样他们的通勤时间就有机会被有效利用。此外,随着经济从以制造和生产为主转向更加依赖知识和信息的服务型经济,铁路作为一种交通方式,其重要性进一步增强。这种转变意味着人们越来越需要快速、可靠的铁路服务来维持和促进商业活动,这也是为什么铁路在第三产业中的作用越来越重要。

另一方面,新古典主义经济地理学强调累积因果和路径依赖,预测即使区域间交通基础设施改善,地区之间的差异仍然会持续存在,并导致企业和工人进一步聚集在发达地区。因此,可达性的提高可能会对那些之前因为交通不便而受到保护的边缘地区产生不利影响。这意味着,改善交通连接可能会使边缘地区面临来自核心地区的更激烈竞争,从而对其经济产生负面影响。在这种情况下,区域发展应该集中于提升地区内部的内生区域潜力,而不是仅仅改善交通。

因此,铁路可达性和区域经济发展之间的关系并不是普遍存在的,也不是自动产生的。它表明铁路的存在并不一定会带动区域经济的发展,也不是每个地区都会因为铁路的出现而实现经济繁荣。此外,铁路可达性对经济结果的影响可能是再分配的,而不是生成性的。这意味着铁路可达性的提高可能会导致资源和服务在不同地区之间的重新分配,但不一定会在所有地区创造新的经济增长机会。综上所述,铁路可达性与区域经济发展之间的关系是复杂的,并且可能会产生不同的影响,这取决于各种区域特定的因素和相对位置的变化。

然而,不仅可达性与经济发展之间的联系仍然存在争议。在欧洲的案例研究中,随着高速铁路的引入,学者们还对由近期铁路基础设施投资引起的可达性变化的位置和强度提出了质疑,这表明高速铁路可能并没有均匀地保证所有地区的可达性,反而可能增加了区域间的可达性差异程度,导致了经济差异或新的优势和劣势层次的出现。高速铁路的建设和运营成本高昂,通常首先建在人口最多和经济发展最活跃的地区,提高了这些地区的连接和相互可达性,但并没有提高中间区域的可达性,有时甚至可能降低。即使远程地区的绝对可达性有所提高,这些收益通常也会被核心地区可达性的提高所掩盖,这种现象被霍尔称为"边缘地区的边缘化"。因此,高速铁路的引入并不总是对所有地区都有积极的影响,有时可能会加剧区域间的经济不平等。

在欧洲范围内,关于区域可达性(包括铁路),以及关于西班牙快速发展的高铁线路的研究文献丰富,但只有少数研究分析了德国铁路系统的发展。近年来,相关学者计算了德国的综合铁路可达性指标,包括经济产出的引力可达性、四小时内人口日常可达性以及相对网络效率。研究得出德国的综合铁路可达性中,法兰克福占据了主导地位,其次是杜塞尔多夫、汉诺威和科隆,特里尔排在最后。Wenner和Moser发现,1990年至2000年期间,可达性差距大幅缩小,此后出现停滞,这主要可以追溯到德国统一后东部地区的传统基础设施改善。[2]相关研究表明,目前计划中的铁路基础设施改善是否会在可达性方面有利于某些类型的地区、是否会使包括外围地区在内的所有地区受益等问题仍未得到解决。

二、德国轨道交通的现状和目前规划的基础设施项目

德国绝大多数铁路基础设施,以及长途列车交通的运营都由主要的铁路公司德国铁路股份公司(Deutsche Bahn AG,简称DB)控制。德国的联邦州在政治体系中拥有相当大的决定权,经常试图影响铁路路线的规划和车

站的位置，以支持人口较少或偏远地区的发展，这在理论上有利于可达性的公平分配。此外，德国多中心和分散的定居结构意味着新的高速铁路线路不是从首都向外放射状建设连接其他城市，而是更倾向于在两个城市中心之间建立，这可能导致传统铁路网络中本就繁忙的线路和区域的拥堵加剧，因为高速铁路和常规列车都需要使用这些线路。但这样也增加了铁路网络的整体利用率，可以提供更广泛的运输选择，且大多数高铁线路还配备了夜间货运列车，提供了更多灵活性服务，满足了夜间货物运输的需求。

联邦交通基础设施计划（Bundes verkehrs wege plan，BVWP）是规划和设计全国范围内重要交通基础设施的重要工具。该计划由德国交通运输部制定，并形成了针对个体交通项目的框架性文件。最近的BVWP是在2016年制定的。该计划允许各州政府、各城镇、协会、铁路公司以及个人提出他们认为应纳入计划的措施。在轨道交通领域，大约有60个项目提案被认为适合进一步调查研究。[3]BVWP对提出的项目提案进行了成本效益分析以及环境与自然保护、区域规划和城市规划等方面的评估，成本效益比低于1的提案将被排除在下一步流程之外。根据调查结果，剩下的提案分为两个优先级类别：紧急需求和进一步需求。"进一步需求"项目具有可取性，但是超出了项目预算范围。因此，只有"紧急需求"项目在计划的时限内才有可能得到实现。在BVWP的基础上，各种运输方式的详细规划在制定后需要通过议会立法程序成为法律，这也说明BVWP不仅是一个规划工具，也是一个决策基础，它指导着交通基础设施项目的资金分配和实施顺序。

然而，即使是"紧急需求"项目，其最终实现在很大程度上也取决于可用的资金。资金根据政治因素分配给三种交通方式（公路、铁路和水路）。在扩建和新建设项目中，公路项目的投资份额最高，为53.6%，而铁路项目占42.1%，水路项目占4.3%。[4]一些项目可以通过欧盟的TEN-T（Trans-European Networks-Transport）措施获得额外的资金。BVWP的项目选择主要是基于需求驱动，旨在消除"瓶颈"并改善"交通流量"。交通安全以及气候、环境和噪音保护方面也被提到，但不是最重要的考量因素。领土一体化和居民生活条件的均衡也扮演着较为重要的角色。区域规划评估分析了最高两个级别的中心地点之间的连接质量不足,以及基于某些最低标准的可达性不足的情况。这意味着BVWP在评估交通基础设施时,关注的是主要中心地点之间的连接质量和可达性。然而,这种方法只评估相邻中心之间的连接,忽略了许多重要的潜在连接,并且在评估可达性时使用了过于宽泛的标准,没有考虑到不同目的地之间的质量差异。这可能导致某些重要的交通连接被忽略,而其他不那么重要的连接得到了过多的关注。

在铁路领域,最近的BVWP引入了一个重大创新,即"德国节奏"(Deutschland-Takt)项目,旨在建立一个全面协调的全国时间表,以优化换乘流程并提供无缝的通行链,类似于荷兰和瑞士的铁路时间表。该项目采取了一种和过去相反的方法,即首先设计一个全面协调的时间表,然后根据这个时间表来调整和优化基础设施。这个项目导致许多措施被列为"紧急需求",其中包括一些高速铁路线路,如比勒费尔德-汉诺威线和纽伦堡-维尔茨堡线(见表1)。此外,该项目预计在人口较少的地区和边缘地区重新规划几条长途线路,并且还计划开通几条全新的常规交通线路。与BVWP一样,该项目的时间范围也是到2030年,本文将使用"2030"来指代这个时间表的最终状态。

表1 "德国节奏"项目修订后纳入当前BVWP的新高速铁路线路

线路	类型	状态
比勒费尔德-汉诺威	新线	设想
法兰克福-曼海姆	新线	准备中
富尔达-哈瑙	新线	准备中
纽伦堡-维尔茨堡	新线	设想
斯图加特-乌尔姆	新线	在建(2022年)
奥格斯堡-乌尔姆	新线	设想
埃森纳赫-富尔达	新线	准备中
卡尔斯鲁厄-巴塞尔	新增/升级线路	施工中

数据来源:参考文献[5]

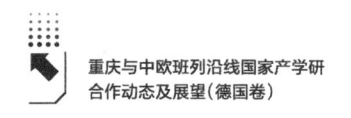

三、2020年至2030年铁路可达性差异分析的方法和数据集

本文实证部分的目的是预测德国在区域尺度上的铁路可达性变化,这些变化是由当前联邦交通基础设施计划(BVWP)及其相关计划"德国节奏"(Deutschland-Takt)在2030年之前的基础设施项目计划引起的。本文为了定位和量化可达性的变化,并分析这些变化是否导致可达性的更公平分布,开发了两个时间点的单模态可达性模型:2020年和2030年。

Hansen将可达性定义为一个地方与互动机会之间的"潜力"。[6]本文专注于可达性的"交通"和"土地使用"组成部分,并没有根据个人和时间限制进行区分。在本文中,使用两种不同的可达性指标,即潜在可达性和度中心性,它们捕捉了可达性概念的不同维度。

(一)潜在可达性

潜在可达性指标的评估方法是,计算从一点可以到达的所有目的地之和,并乘以其吸引力的权重(例如经济规模或人口)以及距离的倒数权重。潜在可达性度量是基于这样一个前提假设:一个人从一个地点到另一个地点进行个人互动或旅行的可能性,不仅取决于这两个地点之间的距离,还取决于到达的目的地所提供的机遇或吸引力的多少。这种方法在交通和城市地理学中得到了广泛的应用。本文使用指数距离衰减函数,也称为引力函数。指数函数能够很好地契合通行行为的数据观察,并且在某些情况下,潜在可达性度量的公式可以被解释为效用模型中消费者剩余的一种度量方式。所使用的公式形式(公式1)为:

$$P[i] = \sum_{j \in G-\{i\}} \frac{W[j]}{e^{\beta * d[i,j]}}$$

式中,$P[i]$为位置i的潜在可达性,$W[j]$为目的地j的权重,$d[i,j]$为位置i到j之间的通行时间,β为调整距离衰减的指数。本文使用人口作为目的地权重,因为它是一个广泛可用且中立的指标。地区国内生产总值(Regional

GDP)或工作地点是文献中经常使用的目的地权重。关于可达性计算,本文没有对人口变动做出假设,而是使用2020年的人口数据来更清晰地模拟未受基础设施影响的效果。且本文以通行时间作为影响互动的主要减缓因素,舒适度和价格在此次研究中不是主要考虑的因素。

衰减因子需要根据出行目的和需求特性来设定,基于观察数据或文献中的比较案例进行调整,以确保模型准确地反映现实世界中的出行行为。较大的距离衰减指数意味着更大的距离衰减,因此适合短距离交互,尤其是在土地利用方面的重要性较高的情况下。而较小的指数则用于模拟长距离交互。使用Harrer和Scherr[7]的基于距离的值,假设平均速度为90公里每小时,并忽略非常短距离的行程,可以推导出一个约为0.005的衰减因子。但本文的分析重点是(跨)区域尺度和中距离交互,例如商务旅行和会议,因此本文选择了0.0057的衰减因子。根据这个衰减因子值进行计算得到:如果两个地点之间的通行时间超过120分钟,那么交互的强度会降低到原来的一半。

潜在可达性计算方法的局限性在于其结果的可解释性和可传达性,因为结果是没有具体单位数值的,只有在与其他潜在值相比较时才有实际意义。因此,本文将所有值标准化到2020年的最高值(=100),以便读者更容易解释和理解结果。且起始地点的区域内部通行时间也要考虑,如果在评估一个地区的机会或者可达性时,仅仅考虑该地区的人口数量(而不考虑其他可能影响因素,如人口分布、交通连接性等),那么得出的评估结果可能会比实际情况更乐观,即高估了该地区。本文计算了每个地区从2015年"1×1公里"全球人类聚落层人口网格的每个点到主要车站的平均加权距离。为了避免由于固定的边界(例如国界)而没有考虑到相邻地区导致低估该地区的可达性,这需要以与研究问题相关的方式定义系统的边界。因此,在本文分析中设置了围绕德国的四个小时通行时间的缓冲区,确保分析考虑到邻近区域的机会和连接性。考虑到德国的邻国大多属于申根区(允许成员国之间自由流动人员的区域),且铁路通行在这些国家之间通常是顺畅的,没有太多的障碍或延误。因此本文假设人们在申根区内的铁路

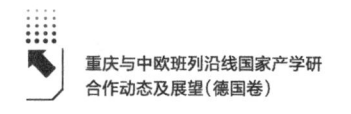

旅行基本上是自由且高效的,确保人员流动和潜在可达性的评估不会受到不必要的边界限制。

(二)度中心性

尽管无缝通行链和定时换乘变得越来越重要和普遍,但能够直接到达的其他地区的数量(无需换乘火车)仍然可以作为一个区位因素。例如,佛罗里达州强调了可直达的目的地数量对城市经济发展的重要性。同样,Seydack 以德国柏林为例报告了企业关于高速铁路连接方面的选址,这表明相比通行时间,企业更重视直达某些重要中心的可用性,因为换乘在通行链中引入了不确定性。[8]因此,第二个可达性指标,本文确定为从地区中心出发,无需换乘火车即可直接到达的其他地区中心的数量。在图论中,一个图中节点的度是衡量其连接性的一个基本特征,这种特征也可以被称为度中心性。所使用的公式形式(公式2)为:

$$D[i] = \sum_{j \in G-\{i\}} A_{ij}$$

其中 $D[i]$ 为位置 i 的度中心性,如果 i 和 j 连通,定义 A_{ij} 为1,否则为0。度中心性的分析仅限于没有缓冲区的德国高速铁路网。

(三)数据集

为了保证数据的可用性和清晰度,本文分析的是区域规模的可达性变化。这里定义的"区域"是指由通勤吸引区域(通常单程不到45分钟)定义的功能性城市区域,因此这些区域对大多数居民来说具有共同的劳动力市场和日常活动空间。由于高速铁路主要是一种区域间交通方式,通常每个区域只有一个车站,这导致超区域可达性变化在这些功能性区域的内部相对一致。本文用于分析的空间单位是由德国联邦建筑、城市事务和空间发展研究所定义和开发的266个功能性城市区域,即"Stadt-Land-Regionen"。这些区域是为了更准确地评估高速铁路对区域内不同城市和地区的可达性的影响,而不受行政边界不一致性的影响。在四小时的缓冲区内,我们使用另外209个 NUTS-3(Nomenclature of Territorial Units for Statistics)区域作为功能性城市区域的近似区,以更方便在统计和行政层面上进行分析和比较,同时也能够在一定程度上反映实际情况。

德国每个功能城市区域和四小时缓冲区内的每个NUTS-3区域都根据每天的最高发车次数来确定一个主要车站,或根据当地的重要性和中枢性来确定。数据集中包含了所有相邻主要车站之间最快高速铁路连接的通行时间,这些数据源于2020年的德国铁路公司(Deutsche Bahn)网站获得时刻表数据以及德国联邦交通与数字基础设施部(BMVI),如果线路在典型工作日中每隔至少两个小时提供一次服务,并且这种服务在连续的八个小时内至少提供一次,那么这条线路或服务就被认为是"常规"的。为了确保没有一个区域完全孤立,即使是某些连接频率低于每两个小时一次的低频率连接也要考虑进来。在构建网络数据集时,如果两个站点之间最快的连接需要在数据集中未包含的车站换乘,那么这个车站会被添加到数据集中,但在计算中不会赋予任何权重。这使得2020年的网络数据集有817个节点(站点)和1350个边(连接),2030年的网络数据集有844个节点(站点)和1405个边(连接)。在计算通行时间时,为了简化处理,所有的停留和换乘时间都被视为具有相同的时间成本,假设为两分钟。此外,研究假设车站进出时间没有时间成本,因为目前车站没有安全检查,乘客可以在火车出发前很短的时间内到达车站。由于这些假设的乐观性质,因此得到的结果应该被视为理论上基础设施潜力的最优利用,而不是实际操作中的预期结果。对于度中心性,如果一个地区的长途高速铁路连接不是通过一个单一的主要车站,而是分布在多个车站,在计算度中心性时应将这些所有相关车站的连接都考虑在内,以确保更全面的区域连接性的度量,更准确地反映出一个区域的铁路网络的实际连通性和效率。

(四)局限性

本文使用的可达性指标存在一些局限性。首先,它将一个节点的可达性值泛化到整个区域,这可能导致不切实际的结果,因为区域内的某些地方可能比主要城市更难到达。尽管使用具有同质功能定义的区域可以在一定程度上缓解这一问题,但仍需改进。其次,模型没有直接分析和量化不同铁路的频繁程度,而在实际情况中,铁路连接的频率往往是影响乘客选择连接的一个重要因素。在未来的模型改进中,可以通过在潜在可达性指标中加入平均等待时间等因素,更有效地整合连接频率,更全面地反映铁路连接的可达性。此外,由于数据限制,目前无法准确建模换乘时间。最后,目前使用的数据集是根据铁路时间表来建立的,这意味着数据没有包含实际的延误信息,且本文假设网络中的延误是均匀分布的,这个假设在实际应用中并不准确,因为延误可能因地区、时间段或特定线路而异。因此需要找到方法来收集和整合包括延误在内的更全面的数据,并在模型中更真实地模拟这些因素,以此提供更准确的铁路网络可达性评估。

四、铁路可达性差异分析结果

表2概述了人口潜力方面可达性最高和最低的地区,比较了不同地区在铁路网络中对人口潜在服务的便捷程度,从而揭示了哪些地区的人们能够更容易地使用铁路服务,以及哪些地区则相对困难。表3列出了2020年和2030年铁路网络中度中心性最高的地区,度中心性高的地区在铁路网络中扮演着更为重要的角色。潜在可达性被标准化到了2020年的最高值,以方便比较不同年份的数据,在本文中,标准化值以科隆(Köln)为基准,将其设为100,这样就可以通过与其他地区的比较来评估各个地区的可达性水平。

表2 2020年和2030年德国铁路可达性最高和最低地区

2020年			2030年		
Nr	区域	可达性	Nr	区域	可达性
1	科隆	100.00	1	科隆	108.49
2	美因河畔法兰克福	97.29	2	美因河畔法兰克福	108.31
3	杜塞尔多夫	96.15	3	曼海姆	106.18
4	曼海姆	95.14	4	杜塞尔多夫	104.07
5	杜伊斯堡	94.52	5	伍珀塔尔	102.69

续表

2020年			2030年		
Nr	区域	可达性	Nr	区域	可达性
6	伍珀塔尔	93.92	6	路德维希港	102.67
7	路德维希港	92.04	7	达姆施塔特	102.66
8	亚琛	91.74	8	杜伊斯堡	102.14
9	埃森	91.59	9	卡尔斯鲁厄	100.53
10	拉恩河畔林堡	90.71	10	拉恩河畔林堡	100.06
……	……	……	……	……	……
262	霍森	33.36	262	奥里希	40.93
263	齐陶	32.81	263	弗伦斯堡	39.40
264	弗伦斯堡	31.90	264	霍森	38.50
265	施特拉尔松德	30.17	265	格赖夫斯瓦尔德	36.67
266	格赖夫斯瓦尔德	28.78	266	施特拉尔松德	36.47

数据来源于：BMVI 2016、参考文献[5]

表3　2020年和2030年德国铁路网度中心性最高的地区

2020年			2030年		
Nr	区域	度中心性	Nr	区域	度中心性
1	美因河畔法兰克福	80	1	柏林	95
2	柏林	68	2	纽伦堡	86
3	纽伦堡	67	3	美因河畔法兰克福	83
4	汉诺威	64	4	慕尼黑	79
5	慕尼黑	63	5	科隆	78
6	科隆	62	6	多特蒙德	76
7	汉堡	60	7	莱比锡	76
8	斯图加特	59	8	杜塞尔多夫	75
9	多特蒙德	57	9	斯图加特	74
10	卡尔斯鲁厄	55	10	杜伊斯堡	73

数据来源于：BMVI 2016、参考文献[5]

2020年，德国高速铁路网络的连接性和吸引力在人口和经济活动集中的地区更为显著。法兰克福和莱茵-美因地区是德国铁路网络中铁路可达性较高的部分，这里铁路网络发达，交通便利。从这些地区出发，有多个铁路分支向东延伸，这些分支也具有较高的铁路可达性。德国东北部的格赖夫斯瓦尔德是铁路可达性最低的地区。这主要是由于两个原因：一是格赖夫斯瓦尔德在德国铁路基础设施网络中的位置比较偏远，距离主要的铁路线路较远；二是该地区的人口密度较低，导致铁路交通需求相对较少，铁路网络建设不足。可见铁路可达性与人口密度和地理位置有关，且高速铁路的投资可以对可达性产生影响，暗示了通过增加高速铁路的投资，可以改善铁路网络的分布情况和提升整体的铁路可达性，尤其是在人口密集或经济发达的地区。

在2030年的预测中，德国的铁路可达性显示出了几个显著的趋势。科隆区域仍然保持着最高的人口铁路可达性，法兰克福紧随其后。虽然一个地区的可达性通常是一个稳定的属性，受到地理位置和现有基础设施的长期影响，但是通过分析未来的预测数据，可以发现一些正在发生的变化。德国中部正在出现一个多中心模式，同时，从表2可以看出一个缓慢的转变，即从西北向西南的引力中心的转移：南部地区，尤其是曼海姆、路德维希港和卡尔斯鲁厄在列表中的位置上升，或首次出现在可达的前10个地区之中，而鲁尔-莱茵工业区在可达性方面没有获得同等程度的提升。由于本文假设人口保持在2020年的水平，因此这种变化完全是由不同的铁路基础设施改进和服务变化所导致的。在度中心性方面，柏林现在拥有最多的直达线路，超过了之前的领头羊法兰克福。位于最东部的齐陶不再是可达性最低的五个地区之一，德国北部的许多偏远地区有小幅度的提升和一些位置上的交换，但整体上它们的可达性排名仍然较低。这表明即使一些地区的可达性提升了，但高速铁路等交通基础设施的建设和改善仍然是一个需要关注和努力解决的问题。

表4列出了在2020年到2030年这段时间内，德国哪些地区通过铁路的潜在可达性的绝对增长量最大和最小。这里的潜在可达性指的是铁路网络

连接到某个地区的程度,以及该地区居民通过铁路到达其他地方的可能性。此外,表格还展示了在铁路网络中,哪些地区的度中心性提升最快和减弱最显著。

表4 关于2020—2030年间德国各地区通过铁路的潜在可达性变化以及铁路网络中各地区度中心性变化

	潜在可达性			度中心性	
Nr	区域	可达性变化	Nr	区域	中心性变化
1	魏森堡(巴伐利亚州)	+16.43	1	开姆尼茨	+30
2	爱森纳赫	+15.08	2	耶拿	+27
3	乌尔姆	+15.00	3	弗莱贝格	+27
4	比伯巴赫(在里斯河上)	+14.84	4	柏林	+27
5	爱尔福特	+14.58	5	莱比锡	+26
6	多瑙沃特	+14.58	6	德累斯顿	+25
7	达姆施塔特	+14.56	7	比特费尔德-沃尔芬	+25
8	梅明根	+14.50	8	波鸿	+25
9	金茨堡	+14.31	9	杜塞尔多夫	+23
10	拉芬斯堡	+14.22	10	威斯巴登	+22
……	……	……	……	……	……
262	梅舍德	+3.40	262	维滕贝格	−5
263	布里隆	+3.34	263	维斯马	−5
264	科尔巴赫	+3.30	264	策勒	−6
265	阿尔布施塔特	+2.84	265	科特布斯	−7
266	不来梅港	+2.61	266	吕讷堡	−9

数据来源于:BMVI 2016、参考文献[5]

区域可达性的绝对增长值分布在2.61至16.43个指数点之间,这里的"指数点"是一个用于度量可达性的单位。这些绝对增长值凸显了一些地区在可达性方面的显著改善,但这种改善并不是均匀分布的,其原因有三个:

第一,许多地区从新的高速铁路基础设施中受益,这些地区要么位于新线路的直接沿线或终点,例如乌尔姆和达姆施塔特,要么位于新线路更广泛的覆盖范围之外,例如爱森纳赫和爱尔福特。这说明新高速铁路的建设不仅直接提升了沿线和终点城市的交通连接性,也间接提高了距离新线路一定距离内其他地区的可达性。

第二,传统铁路基础设施的升级相比于新建的高速铁路基础设施,同样能带来可达性的提升,例如比伯巴赫、拉芬斯堡、梅明根。

第三,在一些地区,可达性的提升并不是因为新建或升级基础设施,而是因为高速铁路的停靠。比如之前这些地区可能只有本地或区域性的列车服务,而没有高速铁路的服务。当高速铁路决定在这些地方停靠时,它为当地居民提供了前往更远地方的机会,从而提高了这些地区的可达性。

德国铁路基础设施的提升和可达性的增长主要集中分布在南部和东部地区,西北部地区从这些高速铁路项目中获得的提升较少。这是因为新基础设施的规划和位置以及服务改进主要集中在两个较大的区域:南部的经济较为繁荣的大都市核心地区以及东部的落后州。这一分布模式不仅体现了新基础设施的规划和位置选择,也反映了对现有服务的改善主要集中在某些特定的地区。这种长期的发展轨迹涉及国家对铁路交通的规划、资金投入、线路扩展和升级等多个方面,所有这些因素共同作用,导致了目前观察到的分布模式:城市中心(爱尔福特)和一些偏远农村地区(拉芬斯堡)获得了显著的提升,而一些内部边缘地区(布里隆、梅舍德、科尔巴赫)和较为靠近城市的区域(不来梅港)则提升较小。

德国高速铁路网络的度中心性变化结果表示,直达地区的增加主要集中在东部南部的开姆尼茨、柏林以及南部的一些地区,而北部的许多地区可能会失去与其他地区的直达线路。这种变化主要是由高速铁路服务变更驱动的(列车时刻表的调整、线路的重新规划等),而不是由基础设施改善导致的。2030年的计划包括重新引入一些长途高速铁路服务,主要服务于中央东西走廊以及一些切线路。这些调整旨在提升铁路线路的直接连接性,便于乘客无需换乘即可快速到达目的地。但这些调整可能不会直接减少通行时间,因为通行时间还受列车速度和停靠站等因素的影响。这种变化将加强柏林在铁路网络中的地位,因为它将增强柏林与其他地区的直接联系,从而巩固柏林作为德国首都的地位,尤其是在交通和运输方面的领导地位。尽管如此,"德国节奏"(Deutschland-Takt)措施的重点是改善车站的换乘设施,这样做是为了降低直达的重要性,而更多地关注提高铁路枢纽的连通性和效率。

高速铁路线路对德国各地区可达性的影响显示,虽然地方层面的潜在可达性有所提升,但这种影响并不显著。且德国南部和东部边缘地区,即使没有新建高速铁路线路,可达性也有较大提升。这是因为这些地区的铁路可达性起点较低,因此即使是常规铁路基础设施的小幅改进和服务的升级,也能使可达性显著提升。相比之下,西部部分地区的铁路可达性起点已经很高,因此新高速铁路线路的相对改善程度不如边缘地区。此外,边缘地区的改善部分也是由于新高速铁路网络效应,即使某些地区没有新建高铁线路,高铁网络的整体改善也能影响到这些地区。总的来说,新高速铁路建设在提高铁路可达性方面的影响因地区而异,且在可达性较低的地区,小的投资能产生显著的提升效果,同时新高速铁路网络的改善也通过网络效应使得更广泛区域的通行时间减少。

本文的一个核心问题是计划中的措施是否会影响铁路可达性的公平性。各地区2020年和2030年可达性排名如图1所示。从图中可以看出,除了排名最低的地区外,可达性的变化呈整体上升状。这种整体上升意味着所有地区的可达性都在提高,且那些原本交通不便的地区在提升的速度上与交通较便捷的地区相比可能更快。潜在可达性的基尼系数从0.116减少到0.102。基尼系数是衡量不平等程度的指标,值越低表示越平等。这说明潜在可达性的分布变得更加均衡。同样,度中心性的基尼系数也从0.412减少到0.395,这表明可达性和直接连接的分布更加均衡。因此,计划措施可能会导致铁路可达性在整体上变得更加均衡,而不是分化。基尼系数和可达性离散度指数的降低说明可达性的分布变得更加均衡,这表明交通基础设施的发展有助于提高整个地区的可达性,而不仅仅是某些特定地区。

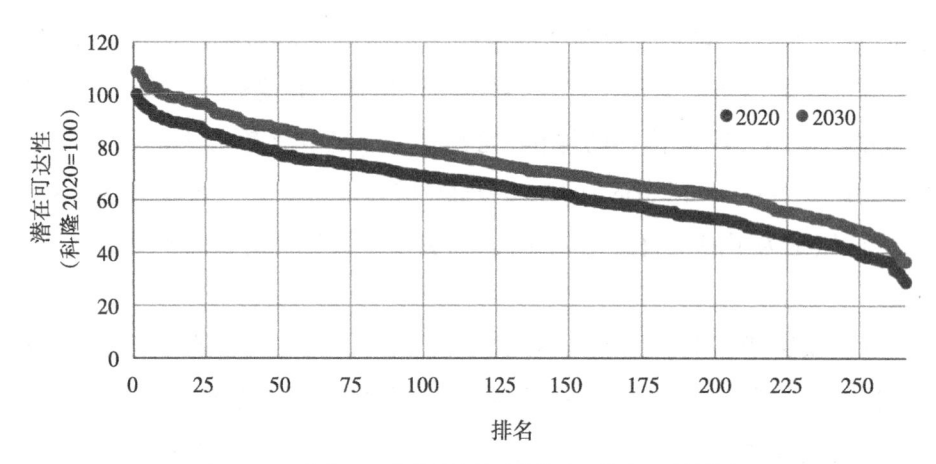

图1 2020年和2030年德国各地区铁路人口潜在可达性排名

数据来源：BMVI 2016、参考文献[5]

将城市区域根据它们的人口增长、经济活力和城市布局特征分为不同的组别，来分析这些区域的人口和经济特征，以及城市区域内的定居点结构类型。本文使用了六个关键指标来衡量人口和经济的发展水平：人口发展、迁移平衡、工作地点发展、失业率、纳税能力、购买力，在这六个指标中，人口发展、迁移平衡和工作地点发展被赋予了双重的权重，这意味着它们在评估城市区域的发展水平时具有更高的重要性。城市区域内的定居点结构类型根据大城市和中型城市的人口比例、人口密度、除去大城市影响的人口密度来定义。

该分析指出，潜在可达性提升最大的地区是那些经历了显著人口和经济变化的地方(无论是积极的还是消极的)。这说明这些地区的交通和基础设施发展可能会因为人口和经济活动的发展而得到加强，从而提高其可达性。根据表5可知，可达性提升主要集中在两个不同的地区群体上。第一个群体是经济增长强劲、经济繁荣的地区，这些地区通常位于德国的南部。这些地区的可达性提升主要是由于需求驱动，即因为这些地区的经济活动频繁和人口增长，所以需要更好的交通和基础设施来满足需求。第二个群体是德国东部经济实力较弱的地区，这些地区的可达性提升则是区域结构政策的目标，旨在通过改善基础设施来促进这些地区的经济发展；那些发展方向不明的地区显示出最小的可达性增益。在表6中也可以看到，高度城市化的地区的基础效应（即初始可达性水平）显示出较小的相对增益，因为这些地区的基础设施已经相对完善，因此进一步的改善对可达性的提升作用较小。至于度中心性变化的影响，区域的增长或收缩差异并不显著，但是可以观察到"城市"区域的度中心性的提升不成比例，这表明城市区域在铁路网络中的作用在增强，而且提供中等至高水平服务的中枢数量在增加，这可能是因为城市化进程的推进和交通基础设施的改善。相对而言，"有密集化趋势"的区域增长明显，这表明次级中心在铁路网络中的作用更强，并且提供中等至高水平服务的中枢数量在增加，这表明了一个多中心化的趋势。

表5 德国各地区铁路可达性2020与2030年增长特征变化

区域类型	平均潜在可达性变化	2020年平均度中心性	2030年平均度中心性
强劲增长	+15.6%	21.61	26.56
增长	+13.6%	15.08	20.65
发展方向不明确	+12.2%	10.86	15.25
收缩	+14.6%	11.37	15.83
强收缩	+17.8%	7.24	11.76

数据来源于：BMVI 2016、参考文献[5]

表6 基于定居结构特征的德国地区2020与2030年铁路可达性变化

区域类型	平均潜在可达性变化	2020年平均度中心性	2030年平均度中心性
具有城市特征的地区	+12.3%	21.19	28.36
区域有密集化趋势	+14.9%	10.85	15.42
人口稀少的地区	+17.2%	8.07	10.50

数据来源于：BMVI 2016、参考文献[5]

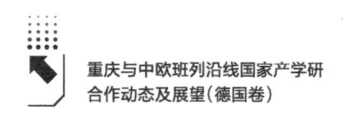

五、结论与讨论

本文分析了德国铁路网络的规划发展对可达性空间分布的影响。本文使用了两个可达性指标:潜在可达性和度中心性。研究结果表明,如果当前的规划得以实施,到2030年,德国铁路网络将呈现出区域可达性平衡化和多中心化的趋势。尽管预计在未来的一段时间内,高速铁路(HSR)的网络将会扩张,许多人认为这种扩张通常会导致空间上的"极化"效应,也就是资源、人口和经济活动可能会集中到高速铁路沿线的高效能区域,从而加剧区域间的差距。但研究显示,对铁路网络连接性和常规铁路服务水平的提升计划与高速铁路扩张同时进行对提高可达性、公平性产生了积极影响,帮助平衡了不同地区之间的交通接入能力。在2030年之前,德国铁路网络的规划和发展将特别有利于两个宏观区域:一个是经济充满活力的南部地区,另一个是正在加速发展的东部地区。本文认为这种区域间的差异性受益是由两种不同的动机造成的:一是侧重于提高交通效率,满足旅客和企业对于运输服务的需求,从而促进经济增长和区域发展;二是为了减少区域间的经济差异,通过投资铁路交通基础设施来提升欠发达地区的可达性和经济发展潜力,从而促进整个国家的经济和社会均衡发展。

区域内铁路可达性的发展可能与区域间铁路可达性的发展有所不同。在许多情况下,地方铁路线的关闭会导致当地层面上可达性的下降,而区域间的基础设施通常不会受到线路关闭的影响。目前的一些有关在区域内增加长途列车停靠点的规划表明,铁路可达性在区域内部也在向多中心化方向发展。但本文没有对其进行更细致的分析,兹待更全面的分析揭示这两种可达性发展的差异。

参考文献

[1] Marcin Stępniak, Piotr Rosik. The Role of Transport and Population Components in Change in Accessibility: the Influence of the Distance Decay Parameter[J]. Networks & Spatial Economics, 2018, 18(02): 291-312.

[2] Febian Wenner, Alain Thierstein. Which Regions Benefit from New Rail Accessibility? Germany in 2030[J]. disP-The Planning Review, 2020, 56(03): 59-76.

[3] BMVI, Bundesministerium für Verkehr und digitale Infrastruktur (ed.) Bundesverkehrswegeplan 2030 [R].Berlin: Bundesministerium für Verkehr und digitale Infrastruktur, 2016: 39.

[4] BMVI, Bundesministerium für Verkehr und digitale Infrastruktur (ed.) Bundesverkehrswegeplan 2030 [R]. Berlin: Bundesministerium für Verkehr und digitale Infrastruktur, 2016: 35.

[5] Fabian Wenner. Interrelations between Transport Infrastructure and Urban Development: The Case of High-Speed Rail Stations[D].Technische Universität München, 2021.

[6] Hansen Walter G. How Accessibility Shapes Land Use[J]. Journal of the American Institute of planners, 1959, 25(2): 73-76.

[7] Bernhard Harrer, Silvia Scherr. Tagesreisen der Deutschen – Grundlagenuntersuchung[R]. Munich: Deutsches Wirtschaftswissenschaftliches Institut für Fremdemverkehr, 2013: 65.

[8] Seydack Niclas. Macht die Bahn hier bald das Licht aus?[EB/OL].[2015-7-16].https://www.zeit.de/2015/29/jena-bahn-netz-anbindung-ice-fernverkehr/komplettansicht.

11 中欧班列对德国的影响及其媒体评价

高毛毛[1] Laszlo Flamm[2]

摘 要: 2011年3月,从中国重庆直达德国杜伊斯堡的首趟中欧班列(渝新欧)正式开通运营。十多年来,中欧班列(渝新欧)累计开行近8000列,在不断壮大的"钢铁驼队"中始终发挥着先行者和中流砥柱的作用,为中德经贸往来以及互利共赢合作持续注入新的动力。其间,随着中欧班列的运输网络覆盖面越来越广、物流服务越来越完善,中德之间的经贸联系和民间往来也愈发频繁与深入。中欧班列也影响着德国的物流、贸易、企业生产模式。

关键词: 中欧班列,媒体评价,影响

多年来,德国一直是中欧班列在欧洲的首要目的地。发展中和更深层次交流合作欧铁路网是中国政府通过"一带一路"倡议推动实现全球互联互通和更深层次交流合作。中欧班列旨在恢复和发展中国与欧洲之间的丝绸之路,促进对欧亚运输和物流(包括铁路网络)的投资,从而推动中国的贸易投资和经济一体化。

过去的十多年里,杜伊斯堡当地企业与中方合作伙伴共同致力于改善"一带一路"沿线基础设施,不仅为当地的经济和就业带来积极效应,也促进了亚欧市场的联动发展。"渝新欧"非常成功,大部分抵达欧洲的中欧班列都始发于重庆。所以继续发展该线路,并且以重庆为桥梁将物流干线延伸至

---

[1] 高毛毛,重庆交通大学欧洲研究中心研究员。
[2] Laszlo Flamm,奥地利城市论坛(Urban Forum)专家。

新加坡等国家,是一个特别有吸引力的项目,也是开拓国际版图的重要组成部分。其他的具体合作案例还有很多,比如建设一个面向中国的电商平台,以帮助德国的中小企业直接进入中国市场,所以重庆也正在打造多式联运物流平台等。

无论是班列的频次,还是货物的种类,都取得了惊人的增长。与此同时,高科技、数字化和智能化的发展也带来了极大的便利,让中欧班列比一般的铁路运输速度更快、效率更高、可持续性更强。最初一周只有一趟班列,现在每周有40趟;最初只有专为某个订货方运输的定向班列,现在客户和货物的数量都显著增多。货物的种类也发生了变化,虽依旧以消费品为主,但产品组合明显更加多元。许多人认为新冠肺炎疫情对铁路运输造成了打击,但实际上正相反,中欧班列恰恰证明了在特殊时期仍可以实现极其强劲和高效的增长,以及展示了如何在短时间内克服困难。

一、发展趋势

近年来,在这条线路上运行的列车数量增长迅速。根据行业数据,2011年至2017年间,共有超过6500列区段列车(西行和东行合计)在两大洲之间运行,其中2017年为3673列。中国各地方政府正在激烈竞争,以增加其线路上的列车数量,因为它们寻求与市场相关的经济效益,并期待在落实中央政府的"一带一路"政策方面发挥关键作用。根据中国主要铁路运营商的市场估计,到2027年,铁路的总潜力估计为63.6万个标准箱,即每天21列火车。然而,2018年的吞吐量已达到每天17列。

中国和欧洲之间的西行运输传统上占新丝绸之路运输量的大部分。将空箱运回中国一直是运营商面临的难题,因为这是一个成本高昂的程序。在东西方运输之间保持平衡是在新丝绸之路上运营的运营商的主要目标之一。数据显示,2018年中欧(重庆)班列开行1442班,其中去程714班,回程

728班,比上一年度提高一倍以上。截至2018年12月底,中欧(重庆)班列已经可以抵达"一带一路"沿线15个国家,境外集散分拨点超过40个,同时,还新增20多个欧洲大客户,增加了奶粉、纸浆、木材、汽配等多领域回程货品,进口货值超过60亿元,同比增长30%。

二、运行线路

众所周知,德国对俄罗斯能源的依赖程度很高。2022年8月,美国著名信用评级机构惠誉评级公司对欧洲天然气市场形势进行了分析。分析指出,德国是最容易受到俄罗斯天然气供应影响的国家之一,因为德国在短期内没有可行的替代能源供应。德国政府认为,结束对俄罗斯的能源依赖包括三个部分:1.储满天然气;2.建造两个液化气储存站;3.德国居民和工业用户必须节约能源。关于俄罗斯的能源运输工具,在俄乌军事冲突之前,2022年2月德国的天然气依赖度为55%,目前这一比例约为35%。除了大量的天然气,德国迄今为止还从俄罗斯进口了煤炭进口总量的60%左右(2019年为1800万吨,不包括炼焦煤)。在石油方面,德国几乎完全依赖进口。冲突前,德国约35%的石油来自俄罗斯;而到2022年4月,这一比例仍为12%。由于恐慌性购买,德国的天然气储备在2022年7月中旬达到了65%,但人们担心普京总统会试图阻止德国的天然气储备在冬季完全充满。一般来说,减少能源依赖的核心要素之一是多样化。德国吸取了过去能源政策失败的教训,迅速启动了能源多样化进程。欧盟国家也用在现货市场上购买的中国液化天然气填充储罐。德国租用了四个浮式储存和再气化装置,以便迅速开始直接进口液化天然气,取代俄罗斯的进口量。但这一举措能在多大程度上减少可能全面停止从俄罗斯进口天然气所造成的短期损害,还不可知。

对于德国和欧洲来说。俄乌冲突迫使德国公司重新制定其商业战略,其中包括考虑在中国之外为其铁路部门创造新的运输和采购市场。此外，中国的"零关税"政策虽然在短期内起到了振奋人心的作用，但欧洲日益加深的能源危机和远洋运输的中断也迫使德国政府彻底改变其运输政策，以建立和确保新的多元化能源运输进口路线。

三、生产模式转变

作为一种运输方式，铁路货运在速度和成本方面与其他运输方式相比更具竞争力。此外，沿线基础设施的扩建也降低了运输成本，缩短了运输时间。中欧班列不仅给企业拓展了销售渠道，还会影响企业生产系统的布局。例如，TCL在欧洲组织生产的方式极大地依赖中欧班列。中欧班列对TCL欧洲工厂现有的生产组织方式产生了深刻影响，主要表现在原料配送时间成本降低、供应链时长缩短；原材料的"零库存"效应；市场响应能力和效益的提升；生产更加准时化、精益化，产品品质和多样化程度提升等方面。在中欧班列准时化跨国运输的支撑下，TCL欧洲工厂摒弃传统的以"刚性大规模生产"为主的福特制生产组织方式，吸收丰田制的精髓，形成了一种特有的生产组织方式——"全球流动的即时生产"。TCL欧洲工厂现有的生产组织方式与传统的生产组织方式有明显区别，体现在原材料的运输方式及仓储方式的变化、生产线的变化、生产方式及质量检测组织的变化等方面。

四、贸易合作

德国媒体认为，中欧铁路货运市场预计将在预测期内快速扩张。中国政府对铁路基础设施的大量投资和补贴、与海运相比更短的运输时间，以及铁路提供的低成本、低排放服务，将推动这一市场的发展。基尔世界经济研究所发表的一份分析报告指出,来自中国的许多产品类别都是"德国经济不可或缺的"。笔记本电脑等电子产品的进口份额约为80%。而根据联邦统计局(Destatis)的报告,2022年德国和中国双边贸易额为2979亿欧元,中国连续七年成为德国最重要贸易伙伴。数据显示,2022年德国从中国进口额为1911亿欧元,同比增长33.6%;德国对中国出口额为1068亿欧元,同比增长3.1%。

中欧班列安全、稳定、高效运行为亚欧铁路货运通道和网络注入了新的血液,带动了沿线国家交通基础设施优化升级,新的物流、工业、商贸中心、产业园区不断涌现,有力促进了沿线国家经贸合作与繁荣发展。中欧班列为沿线国家带来新的商机,为当地人民带去更多工作机遇,搭建了开放合作、互利共赢的新平台。

随着我国经济持续稳中向好和中欧贸易不断发展增长,未来中欧班列运输需求将保持高位,与此同时,我们也要警惕地缘冲突的不确定性将对中欧班列正常运行带来的诸多压力和影响。一方面,线路班列运营方要密切跟踪班列沿线运行、货物到港及清关情况,随时做好应急预案;另一方面,企业也可多尝试在沿线国家和地区设置物流节点,分散或规避突发状况造成的集中风险,集中规划组织返程货源,进一步解决中欧班列回程货源不足等问题。

参考文献

[1]德国新闻电视台:中欧班列疫情中强劲增长[J].经济导刊,2021(01):2.

[2]杨骏.从"渝新欧"到中欧班列 重庆开放率先搭上"一带一路"快车[N].重庆日报,2023-10-16(03).

[3]刘畅.西部陆海新通道班列与中欧班列协调发展对策研究[J].铁道货运,2022,40(06):19-22+29.

[4]戚军凯.比较中看中欧班列(成渝)发展[J].四川省情,2022(03):14-16.

[5]王镠莹,赵文秀,李竹君,等.基于贸易环境和运输政策分析的中欧班列国际合作对策研究[J].中国铁路,2022(06),21-27.

[6]武亚平.2021年中德关系大事记[J].德国研究,2022,27(01):118-128.

[7]杨凯."一带一路"背景下重庆开展对欧贸易的国际法保障[J].重庆工商大学学报(社会科学版),2022,39(01):46-53.

[8]朱晟.中国连续第七年成为德国最重要贸易伙伴[N].新华每日电讯,2023-02-17(07).

[9]Wanyi Dong, Zong bin Zhang. Is China's international trade exacerbating urban environmental pollution? ——A quasi-natural experiment based on the opening of the CHINA RAILWAY Express[J].Journal of Cleaner Production,2023,406(0):137-159.

[10]Lingyun He, Sha Liu. Impact of China Railway Express on Regional Resource Mismatch—Empirical Evidence from China[J].Sustainability,2023,15:8441.

[11]Peiming He, Jiaming zhang, Litian Chen. Time is money: Impact of China-Europe Railway Express on the export of laptop products from Chongqing to Europe[J].Transport Policy,2022,125:312-322.

[12]Yiying Du, Wenyuan Zhou, Feng Lian. A scheme for passenger service-like backhaul for China railway express trains[J].Transport Policy,2022,120(Suppl C):56-68.

[13]Hui Liu, Weinan Gu, Weidong Liu. et al. The influence of China-Europe Railway Express on the production system of enterprises: A case study of TCL Poland Plant[J].Journal of Geographical Sciences,2021,31(05):699-711.

[14]Railfreight. ADY Container goes beyond borders and adds vessel on Black Sea[EB/OL].[2022-06-22]https://www.railfreight.com/railfreight/2022/06/22/ady-container-goes-beyond-borders-and-adds-vessel-on-black-sea/?gdpr=accept.

12 "一带一路"影响下的德国物流发展

邹竞舸[①]　周默/Mo Zhou[②]

摘　要： "一带一路"倡议的提出使中欧经济走廊有了更快的发展，德国是该走廊中的一个重要节点。本文介绍了德国物流现状，分析了"一带一路"倡议影响下的德国物流发展与中国和德国的进出口贸易情况，为更好地发展中德物流提出了建议。

关键词： 一带一路，德国物流，中德贸易

一、"一带一路"的经济走廊

2013年，中国国家主席习近平宣布启动"一带一路"倡议，这是一个跨大陆的基础设施投资项目，旨在复兴历史上的欧亚丝绸之路。"一带一路"包括两个主要内容："丝绸之路经济带"，包括新亚欧大陆桥经济走廊，该走廊由若干条连接中国和欧洲的洲际铁路组成。重点发展中欧陆上互联互通；"21世纪海上丝绸之路"，包括中国东海岸到南亚、欧洲、大洋洲和非洲的海上运输路线和海上基础设施。

从经济走廊的角度思考，发展一直是中国发展模式的一个重要方面。"一带一路"沿线的基础设施投资涉及六条经济走廊，覆盖世界上能源和资源丰富的地区：一是新亚欧大陆桥经济走廊，包括通过哈萨克斯坦、俄罗斯、

[①] 邹竞舸，重庆交通大学建筑与城市规划学院硕士研究生。
[②] 周默/Mo Zhou，博士，Poznan University of Technology副教授，研究方向为"一带一路"国际交通枢纽运输以及新型城镇规划设计。

白俄罗斯和波兰到欧洲的铁路;二是中蒙俄经济走廊,包括铁路和草原公路——这将与大陆桥连接;三是中国—中亚—西亚经济走廊,连接哈萨克斯坦、吉尔吉斯斯坦、塔吉克斯坦、乌兹别克斯坦、土库曼斯坦、伊朗和土耳其;四是中国—中南半岛经济走廊,连接越南、泰国、老挝、柬埔寨、缅甸、马来西亚等;五是中巴经济走廊,新疆维吾尔自治区将受最大影响,这个重要项目连接了我国新疆的喀什(自由经济区)和巴基斯坦的瓜达尔港(瓜达尔港是一个用于商业和军事目的的深水港);六是孟中印缅经济走廊,但由于中印之间在安全问题上的不信任,这一走廊的进展可能会更慢。[1]

本文主要讨论第一条经济走廊,即中国通过哈萨克斯坦、俄罗斯、白俄罗斯和波兰到欧洲的铁路。

(一)"一带一路"下的中欧经济走廊

中欧经济走廊对"一带一路"海上道路的运作至关重要,因为它在连接全球港口的公路和铁路上具有重要作用,图1显示了这些连接被广泛运用的模式。该走廊由一系列直接连接中国和欧洲城市的铁路组成。本文将直航定义为往返于中国特定城市的定期运营的铁路货运服务。例如,"渝新欧"在重庆和德国杜伊斯堡之间的连接。列车最初没有在欧盟境内停靠,除了从波兰到白俄罗斯的边境,那里的铁路轨距变化不定,在这种情况下,可以添加或移除站点。因此,波兰和德国被认为与重庆直接相连。自2018年以来,另一条从德国曼海姆(Mannheim)直接开往重庆的列车开始运营。由于该列车往返于中国同一城市(即重庆),且连接标志使用相同名称(即"渝新欧"),因此我们不认为该连接是为德国或任何其他国家建立的新连接。根据这一定义,我们确定了15个不同的连接。大多数的连接会随着时间的推移而变化,因为在欧洲各地会增加更多的站点或出发点。

表1(见附录)给出了我们从各种来源收集到的直接铁路连接信息的详细概述。据报道,火车的平均行驶距离略大于1万公里,总体行驶距离在8000至1.3万公里之间。报告显示,铁路连接的旅行时间在11至26天之间,平均为15天。关于替代海运时间的更折中的信息显示,平均约为40天,是

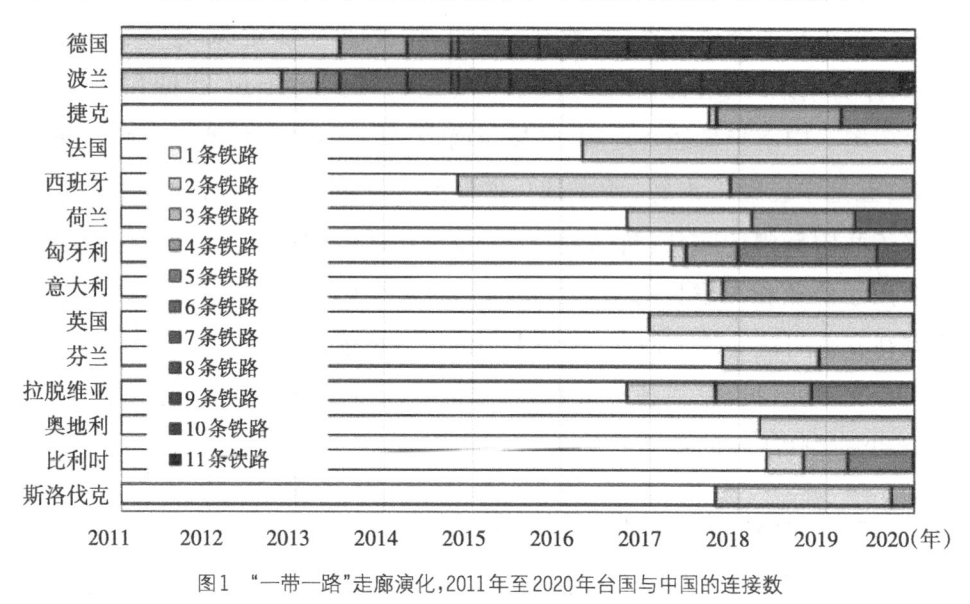

原来的2.5倍多,这突出了铁路运输相对于传统的海运的时间优势。

图1 "一带一路"走廊演化,2011年至2020年台国与中国的连接数

注:作者的计算基于不同来源的数据(见表1)。图中显示了欧洲国家与中国直通车的数量。其中比利时包括卢森堡。

在图1中,我们展示了与中国和整个欧洲的直接铁路连接数量是如何随着时间的推移而演变的,我们将在实证分析中探讨差异。这表明,通过走廊的直接连接有很大的不同。一些国家几乎参与了所有的连接(并且数量随着时间的推移而增加),而另一些国家只是最近才参与或只参与一些连接。我们还注意到,有几个欧洲经济体(大部分是地理边缘国家)根本没有通过走廊与中国直接相连,但这并不一定意味着这些国家不能利用走廊。

事实上,欧洲本身就有一个紧密相连的铁路基础设施网络,许多连接的目的地都位于主要的运输和物流枢纽,所以我们还必须考虑间接连接的国家。图2展示了首条"一带一路"铁路贯通前后,欧盟直通车国家对华出口的变化,在之前的几年里,它们在相当的水平上徘徊。其总体趋势是无法观察到的,然而,通往中国的新铁路一旦开通,这些国家的出口就会回升。置信区间显示,与"一带一路"前相比,差异具有统计学意义,表明了铁路连接对出口的刺激效应。

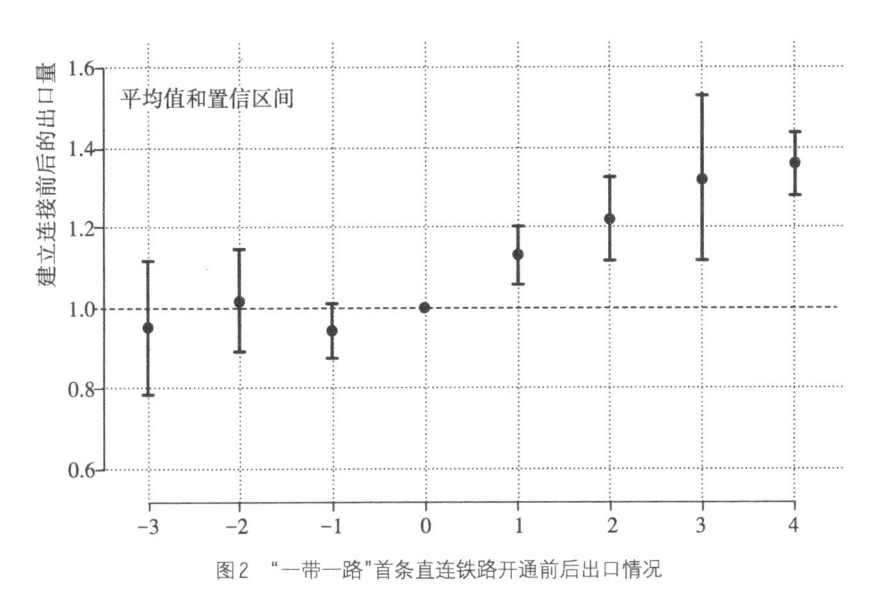

图2 "一带一路"首条直连铁路开通前后出口情况

注：图中为"一带一路"倡议前后14个欧盟国家的对华平均出口额（95%置信区间）。起始日期从2011年到2018年，因此样本大小和组成在不同的条形图上有所不同。出口在时间0被归一化为1，这是"一带一路"互联互通的前一年。

（二）"一带一路"对欧洲出口的影响

我们利用揭示的行业异质性，重新审视我们关于"一带一路"铁路与欧洲对中国出口之间关系的原始证据。

我们研究了"一带一路"互联互通对时间敏感行业出口的显著差异效应。为此，我们将 Hummels 和 Schaur(2013)的衡量标准与我们的主要利益变量进行互动[2]：根据邻近性衡量标准，衡量各国的直接和间接"一带一路"互联互通程度。考虑到潜在的时间敏感性的非线性关系，我们将"一带一路"互联互通的第二次交互作用与敏感性测度结合起来。此外，我们估计了在省略和包括出口商年固定效应方面的不同的替代规范。结果如附录表2所示，"一带一路"铁路开通后预计的出口收入增长，实际上主要是由对时间相对敏感的行业和部门驱动的。一旦考虑到与时间敏感性的非线性微分关系，我们进一步获得了暗示性的证据，即在某个阈值之后，时间敏感性下降。这支持了一种观点，即通过铁路货运与中国进行贸易，可能为时间敏感性中等的货物提供一个有竞争力的替代选择。Panel B 得出了相似的结论。然而,边际贸易的扩张并不完全是由时间敏感行业驱动的,非线性关系的证据也不太可靠。总之,我们发现我们之前的研究结果得到了证实,并可以突出表明,欧洲和中国之间的"一带一路"商业铁路连接对贸易的促进作用在不同行业中有所不同。

研究结果还揭示了"一带一路"铁路互联互通改善市场准入环境所带来的一级收益的区域分布。假设欧洲交通网络的效率足够高,能够促进欧洲任何地方平等地进入"一带一路"铁路枢纽,我们就可以根据能观察到的产业结构,使用行业估计来推断哪些地区可能会受益。为了解决这个问题,我们再次转向采用HS2水平的铁路行业的估计(即k),并计算在六种不同规格中所发现的每个HS2行业增加了多少次铁路运输份额。我们将这些频率映射到NACE Rev.2行业中去,并将其与欧盟统计局在NUTS2区域一级提供的有关经济活动的行业统计数据联系起来。我们将NACE Rev.2级别的铁路采用率表示为一个分数。值为1表示NACE Rev.2活动中的所有HS2行业在六种规范中都显示出了显著的铁路运输增长。发生率为0意味着NACE Rev.2活动中包含的HS2行业在估计的六种规格中都没有出现铁路使用增加的迹象。我们在附录表3中报告了这些数字以及相应的NACE Rev.2代码的描述:与电气设备、机动车辆和其他机械制造有关的活动设备行业似乎是反应最快的;食品、饮料或化学品等易碎商品行业的反应相对较慢。重工业产出也是如此,这些产品通常是大批量交易的,因此不太容易受到铁路运输的影响。

为了评估哪些地区最有可能从中受益,我们参考了欧盟统计局(Eurostat)提供的就业和企业人口统计数据,并根据铁路行业活动的相对专业化程度,计算了NUTS2地区对新的"一带一路"出口机会的"敞口"。也就是说,我们计算NACE Rev.2行业K在区域r的总就业L(或企业人口F)中的份额,并除以整个样本中相应的行业份额。我们得到了一个在概念上类似于表达区域比较优势(RCA)的度量,并相应地标记了这个度量。

然后,我们将这些RCA与K估计的铁路采用率相乘(RWAK),在附录表3中报告了这些数据,并对NACE Rev.2活动进行了汇总:

$Exposure_r^L=\sum RCA_{rK}^L \times RWA_K$ 和 $Exposure_r^F=\sum RCA_{rK}^F \times RWA_K$

这两个小组都表明,中欧和东欧区域,包括东南欧,区域农业工业的专业化程度相对较高。西欧在其工作和公司的人口中,较大比例的人活跃在统计上没有观察到铁路使用显著增加的部门中。这也表明了我们观测到的"一带一路"的起点或终点的位置集中在欧洲的中心,各自外围地区的连接水平相似。

从这个简单的"一带一路"有益敞口的表现中显现出的整体模式表明,一级利益在欧洲并非平均分配。虽然这可能是因为欧盟许多中欧和东欧成员国制造业活动相对集中[3]——西欧经济体相对而言更专注于服务行业——这也可能说明为什么各国在积极参与"一带一路"建设方面采取了不同的立场和行动。

二、德国物流现状

德国在"一带一路"中欧经济走廊中扮演着重要的角色,德国物流的发展可以促进中欧之间的贸易和合作,推动其经济发展和互联互通。德国位于中欧地区的中心,作为欧洲最大的经济体之一,其地理位置使得德国成为连接东西方的关键枢纽。中欧经济走廊是"一带一路"倡议的核心之一,旨在促进欧亚大陆的贸易和互联互通,德国作为中欧经济走廊的重要节点,连接着中国和欧洲其他国家,为贸易和投资提供了便利。

德国以其先进的制造业闻名于世。德国的汽车、机械、化工等行业在全球范围内具有竞争力。在"一带一路"倡议中,德国的制造业能力受到广泛关注,中国和其他参与国家希望能够与德国的制造企业进行合作,共同开展生产、制造和技术创新工作,提高产能和产品质量。德国在科技和创新领域也拥有强大的实力,德国的科研机构和高等教育机构在许多领域中处于领先地位。"一带一路"倡议涉及基础设施建设、可持续能源、数字经济等多个

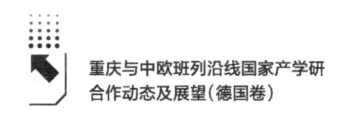

领域,德国的技术和创新能力对于实现倡议的目标非常重要。德国的技术和专业知识可以为中欧经济走廊中的项目提供支持和指导。

2022年是中德建交50周年,中德从建交以来一直有着良好的贸易关系[2],德国最大的物流公司是德国邮政DHL,其次是德国铁路(DB Cargo 和DB Schenker)、Dachser、Kühne + Nagel 和Rhenus。德国强大的物流区域是慕尼黑、柏林、汉堡、哈勒/莱比锡、下巴伐利亚、莱茵-鲁尔区、莱茵-美因地区和斯图加特。

物流公司活跃于货运代理、运输、仓储、装卸和包装领域。它们是德国经济最重要的部门之一。2019年,德国物流业的营业额约为2790亿欧元。以下是德国最大的5家物流公司:德国邮政股份公司、信可股份公司、Dachser Group SE & Co. KG、HAVI物流有限公司、Kühne + Nagel（AG & Co.）KG。

德国物流业的研究数据库涵盖了整个联邦共和国的所有物流部门(运输物流、仓储物流、项目物流等)。由于广泛的数据集,我们搜集到了可靠的统计数据。在下文中,我们按州和城市以清晰的图表展示了列表中物流公司的分布情况。

(一)按联邦州划分的总部分布

德国物流公司按联邦州划分的地理分布(图3)表明,一个地区的物流公司数量与总体经济表现密切相关。因此,经济实力雄厚的北莱茵-威斯特法伦州、巴伐利亚州和巴登-符腾堡州拥有最多的物流公司。

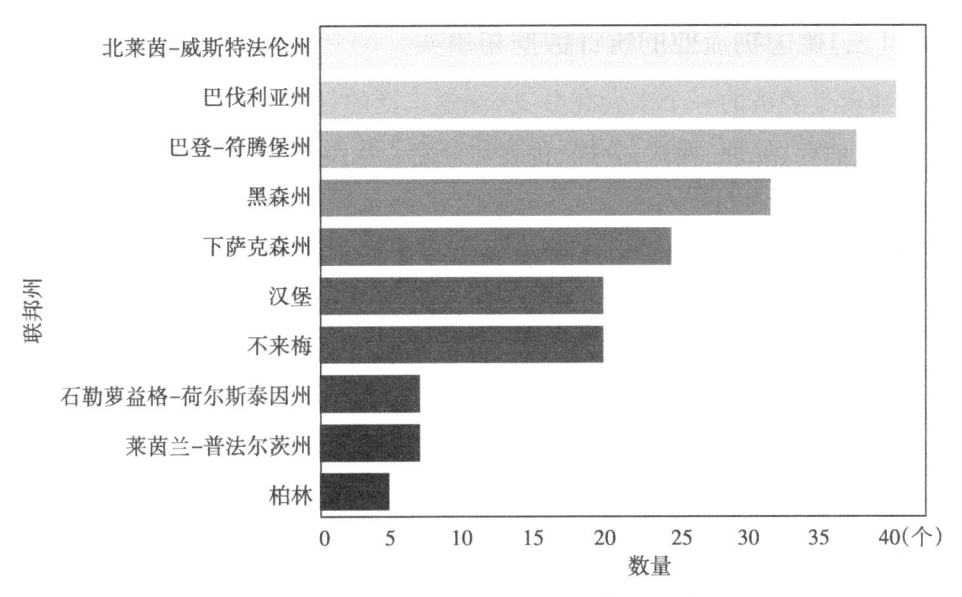

图3 德国最大的物流公司按联邦州的地理分布

(二)按城市划分的总部分布

按城市划分的物流公司的分布(图4)揭示了该行业的一个有趣的现象。汉堡和不来梅因其港口吸引了许多物流公司,而法兰克福则拥有德国最大的机场。

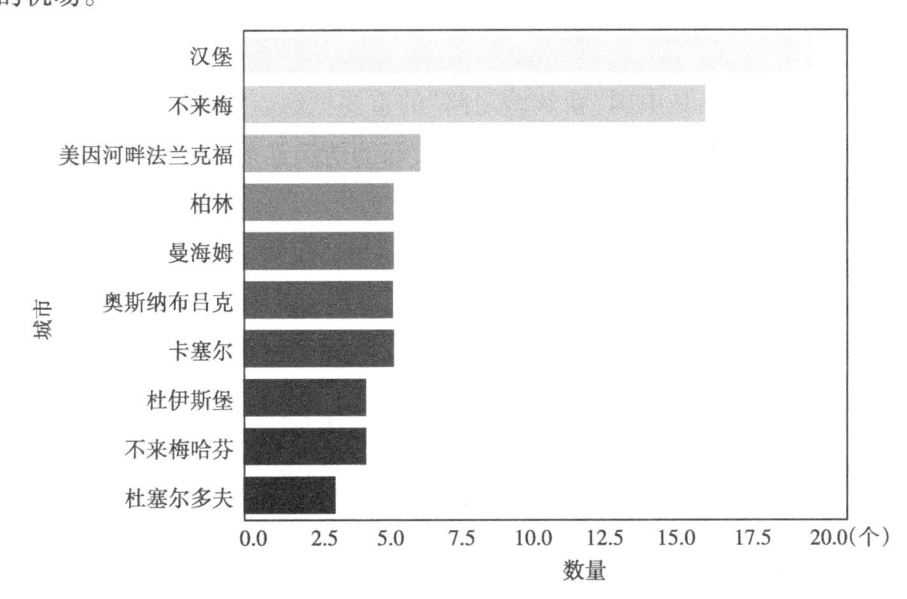

图4 按城市划分的最大物流公司的分布

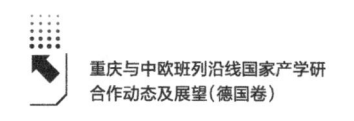

（三）德国物流业的统计数据和事实

物流是经济的一个多元化分支，涵盖广泛的行业。物流服务涉及货物的运输、储存、处理、调试、分拣、包装和分配。从广义上讲，商业客运也包括在内。

在德国所有行业中，物流业在2019年创造了2790亿欧元的收入。因此，德国物流业约占欧洲物流市场的四分之一，这是由于德国的经济重要性、地理位置和良好的区位条件。约有300万人在物流部门工作，使其成为仅次于汽车工业和贸易的德国最大的经济部门。

约有60000家公司活跃在物流服务行业，它们中的大多数是中小型企业。只有大约一半的营业额来自运输，另一半来自仓库管理、物流规划、咨询和控制。近年来，物流业从不断增长的在线贸易中受益匪浅。网上购物的增加是物流业的一个增长动力，而另一个增长动力是不断增加的国际劳动分工，这使得更多的运输变得必要。

三、中国与德国的经济贸易

德国杜伊斯堡是中国"新丝绸之路"的重要枢纽。中国的服装和玩具、德国的汽车零部件、法国的葡萄酒和意大利的纺织品等都经过这座德国城市的巨大货运站运往各地。

这座拥有五十万人口的城市靠近莱茵河和鲁尔河的交汇处，靠近机场、高速公路、铁路和海港，数百年来一直是贸易转口港，现在它是中国努力将其庞大的工厂城市与欧洲消费者联系起来的关键。

"杜伊斯堡已经成为迄今为止欧洲最重要的中国火车枢纽，"该市港口首席执行官埃里希·斯塔克（Erich Staake）于一个早晨在港口大楼内的办公室里说，"你在中国看到的每一张地图上都有两个德国城市：柏林和杜伊斯堡——杜伊斯堡经常印得更大一点。"

每周约有25列中国火车经过被称为杜伊斯堡港务的铁路总站,满载来自电子中心重庆或义乌等城市的消费品,估计世界上三分之二的圣诞装饰品都是在义乌制作的。有些继续前往伦敦或马德里,而另一些则在杜伊斯堡卸货。这座德国城市占地210万平方米的仓库综合体为物流公司提供了储存货物以供继续配送的空间。

德国外交关系委员会的雅各布·玛丽亚·佩佩(Jacopo Maria Pepe)表示,中国过境帮助杜伊斯堡港务集团从内陆贸易调度中心转变为"中欧和东欧的大陆集运和配送中心",有助于促进这个受到德国钢铁和煤炭行业低迷严重打击的城市的就业。"在1990年代和2000年代初,高失业率和去工业化对城市和港口的打击尤其严重。"佩佩说。斯塔克说,自1998年上任以来,杜伊斯堡港务集团的就业人数从19000人飙升至50000人。

"自从中国国家主席习近平(2014年)访问杜伊斯堡以来,我们看到在这里定居的中国公司数量有所增加。"杜伊斯堡市经济促进局局长拉尔夫·默勒(Ralf Meurer)在2017年10月的第六届中国商务与投资论坛上表示。

连接杜伊斯堡和义乌的定期列车运营商YXE国际集装箱列车于夏季在该市开设了一个办事处,以进一步加强联系。

佩佩说:"杜伊斯堡港也许是德国人称之为Strukturwandel(结构转型)的最成功的故事,鲁尔区从煤炭和钢铁向现代工业和服务业经济转型的漫长、痛苦且尚未完成的过程。"

(一)中国对德国的出口大于进口

在2012年之前,这条铁路线运往欧洲的中国商品是另一条路的四倍。此后,这一比例被逐渐削减,因为法国的葡萄酒、苏格兰的威士忌和意大利的纺织品等高价值消费品不断向东流动,以满足中国迅速壮大的中产阶级的需求。

根据政府间国际铁路运输组织的数据,在文书工作成本的一个例子中,谈判使穿越波兰—白俄罗斯边境的欧亚邮件列车的试验性运输时间增加了一天。

德国杜伊斯堡港口首席执行官埃里希·斯塔克（Erich Staake）说,"我们从中国的进口量远远超过对中国的出口价值。"因中国消费者在国内受到污染食品丑闻的影响,这种差距有可能进一步缩小,中国市场可能将目光转向欧洲生产商。欧洲有将更多汽车零部件向东转移并利用铁路运输电子商务商品的前景。

但要做到这一点,中国需要继续投资12000公里路线沿线的铁路连接和交通枢纽。

(二)CEVA Logistics基华物流拓展中欧铁路货运服务

CEVA Logistics基华物流正在开发更多的中欧铁路服务,并宣布推出从金华到法国杜尔吉斯的铁路服务。这一消息传出之际,货运代理就发出警告,陆路路线会出现拥堵。

新路线上的第一列火车于2020年11月26日离开金华,满载22个集装箱,18天后抵达法国杜尔日（Dourges）,途经哈萨克斯坦、俄罗斯、白俄罗斯和德国,行程11000公里。从法国杜尔日（Dourges）出发,集装箱将被运往比利时、荷兰、西班牙和意大利。

新航线将有助于缓解目前的服务压力。随着全球供应链对运输和物流服务的需求空前增长,基华物流致力于为现有和潜在客户提供便捷和可持续的解决方案,法国是欧洲市场的重要物流枢纽,通过这项新服务,基华物流已经进入了东欧和西欧的铁路市场。我们铁路足迹的下一站将是南欧市场。

基华物流补充说,与2019年推出的中欧卡车服务相比,该区段列车可减少高达67%的排放量。

2022年,DSV提供的中欧公路服务数据显示,公路的价格比空运便宜40%,但公路服务的排放量约为铁路的2.5倍,海运的8倍。

(三)中国向欧洲出口计算机、新能源汽车

2022年9月5日,中国商务部表示,将研究扩大出口运输渠道,包括通过

欧亚铁路和中欧货运列车运输新能源汽车。这是中国政府就新能源汽车铁路运输问题发表的首个官方声明。专家认为,此举为我国铁路危险品运输释放了积极信号。中国铁路及其研究机构可能在过去两年中完成了相关调查研究,并取得了积极成果。专家表示,这也是中国为应对经济增长放缓而采取的众多措施之一。

近年来,我国汽车工业特别是新能源汽车工业发展蓬勃。2022年1—7月,新能源汽车出口同比增长90%以上,成为外贸亮点。然而,新能源汽车的铁路运输由于锂电池产品的相关规定在我国受到严格限制。新能源汽车无法通过快速发展的中欧货运列车运往欧洲。

近几年来,许多公司呼吁中国铁路部门放宽对危险品运输的限制。其中最著名的是吉利汽车。吉利汽车是中国第一家获准生产汽车的民营企业。创始人李书福曾多次表示,要推动新能源汽车的铁路运输。

此外,包括德国铁路在内的一些欧洲公司和铁路运营商也表示,他们希望看到中国在放松危险品运输限制方面取得进展。

此外,中国商务部还表示,将会同有关部门,为外贸企业人员在国外开展经营活动提供更多便利和支持。

(四)中国向欧洲出口计算机电源

2011年,惠普(Hewlett Packard)委托了一项服务,将其笔记本电脑从重庆运输到欧洲。

此后,它已发展成为中国巩固其作为世界最重要贸易大国地位的首要努力之一。

德国铁路巨头德国铁路公司运营着许多穿越欧洲的中国列车。这仍然是海上运输的一小部分——一艘大船可以运载大约2万个集装箱。

铁路线的宣传是,它的速度是海运的两倍,又比空运便宜。它的目标是高价值或时间敏感的商品的利基市场,比如汽车工厂的零件和必须在零售期限前完成的时尚服装。

中国估计耗资9000亿美元的"一带一路"倡议将用两条基础设施链将

世界第二大经济体与欧洲连接起来。其中一条铁路线横跨中亚和俄罗斯。一条海上航线从中国南海沿红海而上(经过非洲国家吉布提)到希腊比雷埃夫斯等港口。

中国和德国之间的经济贸易关系一直以来都非常密切。作为全球两大经济体,中国和德国之间的贸易合作对双方的经济发展都起到了重要推动作用。

首先,中国是德国最大的贸易伙伴之一。德国是欧洲最大的经济体之一,而中国则是全球第二大经济体。两国之间的贸易额持续增长,互为重要的出口市场。德国向中国出口了大量的机械设备、汽车、化工产品等高端制造业产品,而中国则向德国出口了电子产品、纺织品、家具等消费品。这种互补性的贸易关系使双方都能够从合作中受益。

其次,中国对德国经济的贡献不仅仅体现在贸易方面,还体现在对德国的投资上。中国企业在德国的投资不断增加,涵盖了各个行业,如汽车、能源、金融等。这些投资不仅为德国带来了资金和就业机会,还促进了技术和经验的交流。中国企业通过与德国企业的合作,可以获得先进的技术和管理经验,提升自身的竞争力。

最后,中国和德国还积极推动双边经济合作深化。两国政府通过签署双边合作协议和推动自由贸易协定的谈判,为企业提供更加便利的贸易环境。此举有助于降低贸易壁垒,促进贸易自由化和投资便利化,进一步加强两国之间的经济联系。

然而,中国和德国之间的经济贸易关系也面临一些挑战。其中一个挑战是知识产权保护问题。德国企业在关注中国市场的同时,也担心知识产权被侵犯的风险。因此,加强知识产权保护和执法合作是双方需要共同努力的方向。

四、结语

到目前为止,"一带一路"已经获得了很多宣传,但中德的经济贸易逆差仍然存在,贸易不是单向游戏,为了使铁路连接更具有商业意义,它必须在两个方向上发挥作用,所以如何让足够的货物运往中国是一个最大的问题。

"一带一路"倡议为区域内基于互联互通和贸易的经济增长奠定了长期的经济基础。[3]只要秉持习近平总书记倡导的开放包容原则并推进这一进程,所有国家都将从中受益。

"一带一路"倡议还将支持中国向高技术和服务行业提升价值链。"硬件优先"战略创造了对材料和中国技术的外部需求。通过创造需求和转移地点来延长老行业的寿命,有助于负债累累的国有企业和其他企业支付可变成本,从而避免违约。然而,从长远来看,这种策略不太可能奏效。就更长期而言,中国已经在实施渐进式的去杠杆化政策(包括债转股和部分资产转移),生产目标旨在启动国有企业的长期重组。

中国是一个经济大国,自身也处于转型期。在公平竞争环境的情况下加快发展,将有利于贸易、全球增长和本地区的繁荣。这些实现广泛可持续增长的目标与经合组织的目标非常契合,中国可以通过更大程度的参与来帮助其加快转型进程,从而从中受益。

总的来说,中国与德国经济贸易的影响是积极的,两国之间的贸易合作为双方带来了巨大的经济机遇和发展空间。通过加强合作,中国和德国可以进一步深化经济联系,实现互利共赢的局面。

附录：

表1 中国与欧盟铁路货运联系概况

连接名称	开始/结束（中国）	开始/结束（欧洲）	开始时间	距离(km)	持续时间（天）	海上持续时间（天）
渝新欧	重庆	杜伊斯堡,德国	01-2011	11179	14	35
		马拉塞维奇,波兰	01-2011	10000	11	40
		曼海姆,德国	11-2018	11200	17	35
苏曼欧	苏州	华沙,波兰	11-2012	11200	15	
蓉新欧	成都	罗兹,波兰	04-2013	9826	11	
		纽伦堡,德国	10-2015	10500	13	27
		蒂尔堡,荷兰	10-2016	10947	15	40
		布拉格,捷克	10-2017	10200	13	45
		米兰,意大利	11-2017	11694	14	35
		鹿特丹,荷兰	10-2017	11100	15	
		维也纳,奥地利	04-2018	9800	13	
		卢森堡,比利时	04-2019	10000	14	40
		布达佩斯,匈牙利	08-2019		15	
郑欧	郑州	汉堡,德国	07-2013	10214	15	
		杜伊斯堡,德国	07-2013	10400	15	
		华沙,波兰	07-2013	9400	13	
		慕尼黑,德国	08-2017		15	
		萨拉戈萨,西班牙	12-2017		26	55
		列日,比利时	10-2018	10650	15	
汉新欧	武汉	杜伊斯堡,德国	04-2014	10863	16	
		马拉塞维奇,波兰	04-2014	9600	13	
		汉堡,德国	04-2014	10650	16	55
		里昂,法国	04-2016	11300	16	
		阿姆斯特丹,荷兰	05-2019	11000	15	
湘欧	长沙	杜伊斯堡,德国	10-2014	11803	15	
		华沙,波兰	10-2014	10700	13	
		布达佩斯,匈牙利	06-2017	10118	15	47
		汉堡,德国	11-2017	11500	15	
		蒂尔堡,荷兰	08-2018	12912	15	

续表

连接名称	开始/结束(中国)	开始/结束(欧洲)	开始时间	距离(km)	持续时间(天)	海上持续时间(天)
义新欧	义乌	马德里,西班牙	11-2014	13052	21	
		马拉塞维奇,波兰	11-2014	10000	11	
		杜伊斯堡,德国	11-2014	11200	13	
		里加,拉脱维亚	10-2016	11066	15	
		伦敦,英国	01.2017	12000	18	
		布拉格,捷克	09-2017	10500	16	
		阿姆斯特丹,荷兰	03-2018	11500	16	
		萨拉戈萨,西班牙	11-2018	12300	19	
合新欧	合肥	汉堡,德国	06-2015	10600	15	
		马拉塞维奇,波兰乌	06-2015		13	
		奥萨里,芬兰	12-2018	9550	16	
哈欧	哈尔滨	汉堡,德国	06-2015	9820	16	
		马拉塞维奇,波兰	06-2015	8320	14	
长安号	西安	杜伊斯堡,德国	10-2016	9700	16	47
		汉堡,德国	10-2016	9400	16	
		科沃拉,芬兰	11-2017	8000	12	
		布达佩斯,匈牙利	04-2017	9300	17	
		里加,拉脱维亚	11-2018	11066	12	
		布拉格,捷克	03-2019	9623	11	
		曼海姆,德国	05-2019		15	
		米兰,意大利	07-2019		18	
		维罗纳,意大利	08-2019		15	
		布拉迪斯拉法,斯洛伐克	10-2019		12	
		格但斯克,波兰	11-2019	9000	12	
—	大连	布拉迪斯拉法,斯洛伐克	10-2017	10537	15	
—	乌鲁木齐	里加,拉脱维亚	10-2017		18	
—	厦门	布达佩斯,匈牙利	01-2018	11595	18	
—	赣州	华沙,波兰	08-2017	13000	18	
		汉堡,德国	09-2017		19	
		杜伊斯堡,德国	09-2017		19	
		米兰,意大利	09-2017		21	

续表

连接名称	开始/结束（中国）	开始/结束（欧洲）	开始时间	距离(km)	持续时间（天）	海上持续时间（天）
—	鹰潭	安特卫普,比利时	05-2018	11000	16	

注：作者根据 Yuan Li 等人的信息[6]和其他在线搜索（包括 www.railfreight.com 和 www.chinaeuroperailwayexpress.com）汇编。

表2 "一带一路"互联互通和时间敏感性

强加的时间敏感性关系	1	2	3	4
	线性		二次方	
小组A：出口收入				
火车$_{it}^{prox}$（二进制）	0.048 (0.044)		0.035 (0.048)	
×时间敏感性$_k$	2.428 (1.533)	3.703* (1.577)	3.299a (1.828) −9.224a	4.505* (1.902) −8.321a
×时间敏感性$_k$（二次方）			(4.760)	(5.056)
小组B：出口多样化				
火车$_{it}^{prox}$（二进制）	0.226** (0.027)		0.212** (0.026)	
×时间敏感性$_k$	0.271 (0.236)	0.635** (0.225)	1.045* (0.454) −3.561a (1.871)	0.330 (0.265) 1.062 (1.214)
×时间敏感性$_k$（二次方）	是 否	否 是	是 否	否 是
地区年份固定影响	53980	53980	53980	53980
出口商年份固定影响	598	598	598	598
观测群集(it)				

注：表显示了欧盟对华出口价值的 PPML 系数估计值（面板 A）和 HS6 数量装运的产品（面板 B），有条件的直

接或间接铁路连接(通过邻近国家)和Hummels和Schaur[2]估计的行业时间敏感性。所有规范均包括HS2行业年和高铁2号行业出口固定效应,以及高铁22号水平对其余地区的出口总额世界(以及按部门分列的总体多样化,见小组B)。括号中的标准误差根据在出口年份一级进行集群。统计学显著性:a=p<0.1,*p<0.05,**p<0.01

表3 根据NACE Rev.2活动,增加对中国出口铁路使用的估计概率

NACE Rev.2编号	NACE Rev.2描述	铁路采用	# HS2 覆盖的部门
27	电气设备制造	1.00	1
29	机动车辆、拖车和半拖车制造	1.00	1
28	机器和设备的制造	1.00	1
22	橡胶、塑料制品制造	0.83	2
31	家具制造	0.83	1
23	其他非金属矿产品的生产	0.72	3
25	制造金属制品,机械设备除外	0.71	4
30	其他运输设备的制造	0.61	3
15	皮革及相关产品的制造	0.56	3
26	制造电脑、电子、光学产品	0.50	2
20	化学品及化工产品的制造	0.35	10
17	纸及纸制品制造	0.33	2
11	饮料的制造	0.33	1
24	碱性金属的制造	0.31	8
13	纺织品制造	0.26	12
32	其他制造业	0.19	6
07	金属矿石的开采	0.17	1
19	焦炭及精炼石油产品的制造	0.17	1
08	其他采矿和采石	0.17	1
16	木材及软木制品的制造,但家具除外;稻草制品及编织品	0.11	3

续表

NACE Rev.2编号	NACE Rev.2描述	铁路采用	# HS2 覆盖的部门
10	食品的制造	0.11	14
14	服装制造	0.06	3
01	农作物及动物生产、狩猎及相关服务活动	0.04	9
12	烟草制品的制造	0.00	1
21	生产基础医药产品和药品	0.00	1
58	出版业	0.00	1

注：作者的计算基于从等式 (log) Rail share $:=\ln\dfrac{X_{ir}^{R,k}}{X_{ir}^{k}}=\beta^{k}train_{ir}^{yrs}+\sum_{i}\delta_{i}^{k}(D_{i}\times year_{i})+\varepsilon_{ir}^{k}$，和 HS-NACE Rev.2 对应关系中获得的估计值和从经合组织获得的表格。(https://www.oecd.org/sti/ind/Convert rsion KeyBT DIxE4 PUB.xlsx)

参考文献

[1] Bajpaee, Chietigj. ,China-India: Regional dimensions of the bilateral relationship, [J].Strategic Studies Quarterly,2015,9(4), 108-145.

[2] Hummels,David,L,et al.Time as a Trade Barrier.[J].American Economic Review, 2013,103(7), 2935-2959.

[3] Hanson, Gordon H., Robertson, Raymond and Brambilla, Irene , China's Growing Role in World Trade [M]. Chicago:,University of Chicago Press, 2010: 137-164

[4] 陈希蒙.中国德物流贸易发展潜力巨大——访德国汉堡港口物流公司董事长兹莱特[N].经济日报, 2022-10-15(09).

[5] Johnson, Christopher K. ,President Xi's 'belt and road' initiative[J].Center for Strategic and International Studies,2016,28,1-24.

[6] Li, Yuan, Kierstin Bolton, and Theo Westphal, The effect of the New Silk Road railways on aggregate trade volumes between China and Europe[J]. Journal of Chinese Economic and Business Studies,2018,16(3), 275-292.

13

欧盟能源转型面临的挑战与制度建设[①]

曾文革 刘 叶[②]

摘　要： 欧洲地缘冲突深刻暴露了欧盟能源结构存在的问题和能源安全的脆弱性。欧盟能源对外依赖造成的能源系统脆弱性持续存在，能源转型面临许多限制性因素和制度挑战。冲突发生后，欧盟国家在能源安全和气候政治的双轮驱动下继续坚持能源转型。欧盟不断推进能源转型进程，化石能源消费结构持续转变，清洁能源较快发展，制度建设初见成效。我国是世界上最大的能源消费国，亟须从战略视角来优化自身能源结构，从多方面借鉴欧盟制度建设经验，完善相关制度，以保证国家的经济和能源安全。

关键词： 欧盟，能源转型，制度建设，中国启示

自俄乌冲突爆发以来，俄罗斯和乌克兰之间的紧张关系一直不断升级。这场冲突不仅影响了两国的政治和经济关系，也对欧盟的能源建设带来了挑战。例如，如何解决可再生能源的间歇性和不确定性问题，如何提高电网的智能性和稳定性，如何应对全球能源市场的变化等。欧盟国家需要采取措施来减少对俄罗斯的依赖，保障能源安全，促进能源多样化和可持续发展。这些措施包括加强能源合作，推动可再生能源的发展，加强能源技术创新等。

[①] 国家社科基金"人类命运共同体理念下《巴黎协定》实施机制构建研究"（项目编号：20BFX210）；重庆大学科研培育专项（项目编号：0226001104020/004）。
[②] 曾文革，重庆大学法学院教授、博士生导师，研究方向：国际经济法、国际环境法；刘叶，重庆大学法学院硕士研究生，研究方向：国际经济法。

在全球化石燃料使用所带来的环境问题和气候变化的大背景下，能源转型已成为世界各国的共识。俄乌冲突进一步加强了欧盟国家能源自主的决心，加速了能源转型的步伐。欧盟国家展现出强烈的环保意识和决心，积极推动能源转型，向可持续、低碳的能源体系转变。欧盟国家的能源转型战略主要体现在减少对化石燃料的依赖，加大对可再生能源的开发和使用力度上。例如，德国、丹麦、荷兰等国家已经明确提出了各自的能源转型目标。德国计划在2030年将可再生能源占电力市场的比例提高到60%，荷兰则计划在2030年实现可再生能源占电力市场比例的55%。同时，欧盟国家也在积极推动能源的数字化和智能化。例如，挪威的峡湾地区正在进行智能微电网的试点项目，通过太阳能、风能等可再生能源与电池储能、电动汽车等新型能源设备的结合，实现能源的自给自足和互联共享。2023年以来，欧盟在加快能源绿色转型方面的制度建设上也取得了不少进展。2023年4月，德法等九个欧盟国家的领导人、能源部长举行北海峰会，通过《奥斯坦德宣言》，并为环北海国家的海上风力发电制定了明确目标，誓将北海地区打造成"欧盟最大绿色能源基地"。2023年3月，欧盟国家和欧洲议会达成一项待批准成法的临时政治协议，设立明确目标，预计到2030年，欧盟42.5%的能源将来自风能和太阳能等可再生能源；同时，欧盟批准了2035年欧盟禁售会导致碳排放的新燃油乘用车和小型厢式货车的法案。除此之外，欧盟委员会还发布了一项"绿色协议产业计划"，鼓励资金流向欧盟绿色产业，对抗美国《通胀削减法案》给欧盟带来的不利影响。欧盟上述能源转型和制度措施的积极进展值得关注。尽管面临挑战，但欧盟国家的能源转型仍在坚定地进行。欧盟的制度经验向我们展示了能源转型的必要性和可行性。

我国一向都十分重视能源安全问题。能源安全一方面指的是我国的能源需求从时间、数量、价格以及品质四个方面的满足我国经济以及社会发展的程度。另一方面是指面对各种能源危机与风险，国家消除风险、应对危机的能力。各国为应对能源安全问题采用了各式各样的方法，包括从能源资源的多样性、供应商的多样性、能源储备的存储、冗余的能源基础设施和转移燃料的灵活性等角度来应对。作为能源消费大国，我国在持续推进能源结构调整和能源转型,能源转型的制度建设面临不少的难题和挑战。我国需要借鉴欧盟能源转型的制度经验,推动我们继续在能源转型的道路上探索和前进。

一、欧盟能源转型面临的挑战

(一)外部因素

1. 冲突显著提高欧盟能源成本

长期以来,欧盟能源短缺,俄罗斯与欧盟的能源关系高度融合。从贸易地理方向看,俄罗斯的对外能源出口目的地主要是欧盟。以天然气为例,从二十世纪六七十年代起,苏联就通过管道向欧盟出口天然气,而且出口规模不断扩大,出口基础设施不断完善。目前,已经有7条天然气管道被俄罗斯用于向欧盟出口,占俄罗斯天然气出口的80%左右。在欧盟内部,"领头羊"德国对俄罗斯的能源依赖程度非常高,德国是俄罗斯能源出口的主要市场。根据英国石油公司(BP)统计数据,2021年德国从俄罗斯进口天然气563亿立方米,占其总进口的55.2%。目前,对于欧盟天然气进口而言,除了从俄罗斯进口之外,还有其他少数进口通道,不过这些天然气来源地基本上都处于满负荷运行状态,难以向欧盟增加天然气出口。

俄乌冲突后俄罗斯对欧盟的能源出口大为减少,欧盟国家需要从其他渠道扩大能源进口。这大大增加了欧盟国家的能源成本。更高的能源成本将会使欧盟的燃气和电能价格上涨,这直接影响到了生活和生产成本。与此同时,由于欧盟各国的能源公司纷纷从俄罗斯市场撤出,因此,寻找新的供货商是当务之急。与此同时,欧共体为相关企业划拨贷款或补助资金,协助其渡过难关。但是这也意味着欧盟国家的财政压力将会加大。

2. 冲突滞缓欧盟能源经济复苏

能源危机推高通胀率,冲击欧盟经济,延缓欧盟经济复苏的步伐。欧盟统计局的初步预估，2022年第三季度，欧盟和欧元区经季节调整后的GDP较上一季度仅小幅增长。而且，欧盟委员会发布的秋季经济预测报告预计：2022年第四季度和2023年第一季度的通胀率仍将持续走高，欧盟和欧元区以及大多数成员国，经历了一次技术性经济衰退。但由于2021年以及2022年上半年取消疫情管控举措，需求得以释放，并带来强劲的经济增长，2022年实际GDP增长率整体达到3.3%。然而，由于能源危机造成实际收入下降、消费降速以及复苏动力减少，2023年欧盟和欧元区的实际GDP增长率更低。总体而言，短期来看，此次能源危机对欧盟经济的冲击较为明显。中长期来看，能源危机冲击对欧盟经济的影响不应被高估，但发展前景仍存在很大的不确定性。这取决于俄乌冲突的走势、欧盟及其成员国的政策应对和世界经济大环境。此次能源危机带来的欧盟及其成员国能源供需结构的转型调整、产业结构变动以及冲击下各国经济表现差异和适应性调整，恐将持续较长时间。

3. 冲突使美国深度介入欧盟能源供给

美国不断怂恿或拱火俄乌冲突具有以下目的：一是通过对俄罗斯实施制裁来沉重打击俄罗斯的经济发展和国际影响力；二是通过俄乌冲突推动欧洲乃至全球资本大量回流美国金融市场，配合美国联邦储备委员会正在实施的货币收紧政策，以实现货币政策的目标，并保障资本市场的稳定；三是通过渲染俄罗斯威胁，稳定与欧盟之间的所谓"团结"关系，强化其进一步控制欧盟的能力。美国一再倡议，欧盟应该从美国进口液化天然气，作为欧盟逐渐摆脱对俄罗斯天然气的依赖的重要途径之一。但是，天然气进口需要基础设施，而欧盟目前的液化天然气接收站都在满负荷运行，也就是说进口增加必然面临基础设施不足的现实压力。如果欧盟进口液化天然气要替代三分之一的俄罗斯天然气，即大概按每年500亿立方米计算，那么需要增加进口3600万吨左右的液化天然气，相当于目前欧盟一半的液化天然气进口量，占全球液化天然气贸易量的10%，这需要新建相关基础设施。长期以来，为了稳住在欧盟的霸权地位，尤其在其天然气产量增加的情况下，俄乌冲突给美国实现欧盟战略目标提供了一次重大契机。

(二)内部因素

1. 欧盟自身能源系统较为脆弱

全球化石能源资源分布的不均衡性在欧盟体现得最为突出和明显,欧盟只有荷兰、罗马尼亚等少数国家拥有油气资源,绝大多数国家能源匮乏,极大程度上依赖于进口。长久以来,较高的化石能源对外依存度一直是欧盟能源安全的最大挑战。从总消费量看,2020年欧盟能源消费总量的57.5%来自进口,因新冠肺炎疫情等因素的影响,该比例较2019年下降了3个百分点,但仍然处于历史高位水平。事实上,欧盟自20世纪90年代以来不断推进能源的低碳化转型,但能源的进口依存度仍呈现整体上升态势。

欧盟基于地缘政治、安全认知和政治正确的多重因素,将与俄罗斯能源合作的考量从经济互利的角度转向,视欧俄能源合作为自身的安全挑战,因而极力推动欧盟各国对俄能源脱钩和能源供应多元化进程。欧盟不仅主动中断与俄罗斯的石油和煤炭贸易,还提出"重新赋能欧盟:欧洲廉价、安全、可持续能源联合行动"(REPowerEU),多措并举助推降低来自俄罗斯的天然气进口量和消费量,实现渐进式脱钩。截至2022年12月底,欧盟从俄罗斯进口的管道天然气量仅为2021年同期的45.7%,占欧盟管道气进口总量的份额迅速降至19.7%。2022年1—11月,欧盟从美国进口的液化天然气量增长至554亿立方米,为2021年同期的2.5倍,挪威、英国、中东国家和非洲国家出口至欧盟国家的天然气量均明显增长,挪威亦取代俄罗斯成为欧盟最大的进口天然气来源国。欧盟在能源"脱俄"过程中正在形成新的对外依赖关系,在某种程度上,能源对外依赖情况并未得到实质性改善。

2. 欧盟内部难以形成合力

欧盟内部围绕能源问题的博弈态势加剧,不仅为欧盟一体化制造了新的障碍,还与其他既有矛盾相互叠加,阻碍了欧盟内部的相互协调。例如,匈牙利在对俄罗斯能源制裁问题上的特立独行加剧了其与欧盟原本因内政问题就已紧张的关系,倒逼部分国家加大对欧盟现有外交决策机制的改革力度,以多数有效原则取代现有的"一票否决"机制。法德两国在能源转型方向上的分歧与双方在政治影响力和安全角色上的角逐相互作用,降低了政治互信程度,增大了相互嫌隙,导致"法德轴心"这一牵引欧盟一体化的主要动力源协调失灵,在一段时间内处于待机重启的状态。

俄乌冲突引发的能源变局给欧盟能源政策制造出双重困境:一方面,能源变局打乱了欧盟对能源结构转型的长期规划,迫使其将确保供应安全越过有序转型,上升为能源领域的最优先事项;另一方面,欧盟成员国对俄罗斯能源的高度依赖既是其在应对俄乌冲突外溢效应时的明显短板,又是其对俄罗斯以及危机走向施加影响的主要工具。欧盟对上述困境的应对之策是既要避免政策目标冲突,试图将解决对俄罗斯能源依赖问题与实现能源结构转型目标相结合,又要在短期内继续依赖俄罗斯能源的背景下与对方进行制裁博弈。尽管欧盟整体上确立了在2027年前逐步减少并最终摆脱对俄罗斯能源的依赖的总目标,并提出了实现能源来源多样化、加快新能源转型以及降低能耗等实施路径,但由于各国在对俄罗斯能源的依赖度、解决能源安全问题的能力和手段上的差异,在目标实施过程中各种矛盾充分影响了欧盟内部权力结构以及一体化发展。欧盟试图驾驭长短期目标之间相互冲突的政策方向、欧盟各国对能源依赖关系的矛盾认知与各国对俄罗斯能源依赖度不一的复杂状况相互交织,使得能源政策分歧成为欧盟内部矛盾不断激化并上升至政治层面的重要因素。由于欧盟成员国的能源需求、对供应商的依赖程度以及能源结构各异,调剂能力不一,欧盟内部在协调整体能源政策上始终存在分歧。这导致欧盟难以形成坚实的合力,给欧盟能源转型带来极大挑战。

3. 欧盟电力现货市场规则存在缺陷

随着能源价格的一路走高,以煤炭和天然气作为主要燃料或边际机组燃料的电力价格也水涨船高。以德国为例,2021年的电力市场批发价格是2020年的三倍,达到创纪录的97欧元/MWh。国际主要电力市场的现行规则是20多年前为以煤电为主力电源的电力系统制定的,无法完全适应新能源占比越来越大的市场现状和需求。与传统电源不同,新能源有着高固定成本、低可变成本、波动性大、难以预测等特征,电力系统的运行因此变得更加复杂,电力市场的设计也有必要顺势调整。在2021年之前,电力市场的问题主要是低能量价格造成的现货市场信号缺失、新能源难以预测导致的系统不稳定、能承受极端气候的电网及灾后的复原能力不足、地方政府的补贴政策与市场设计要求的公平原则矛盾等。因此,在2021年之前的几年中,电力市场的改革主要集中在现货价格的形成机制和如何用市场信号来提高系统可靠性,以尽可能低的成本、最大限度地发展和消纳新能源上。

近期的大通胀和欧洲电力市场的"暂停"加深了人们对电力现货市场的疑虑。一方面,尽管许多国家的监管机构已经证明高电价的主要原因是高昂的燃料成本和供需暂时失衡,但许多人还是有意无意地将近期的高电价直接归因于电力市场。另一方面,因为电力的独有特性,比如难以储存、必须实时平衡、网络阻塞等,电力市场设计必然比其他商品市场更为复杂,价格形成机制更加难以为普罗大众所理解。当电力供应紧张时,某些制度设计缺陷便会显得更为突出。

二、欧盟能源转型制度建设的新进展

欧盟一直以来注重经济的可持续发展和能源转型。自20世纪70年代以来,经济危机及气候政治持续盛行,欧盟各国从能源问题和环境整治两个层面出发,探寻能源结构甚至是经济结构的转型路径。欧盟国家自己的电力能源和气候政策也日趋成形,2007年欧盟国家通过的"气候电力能源一揽子现行政策架构",2020年欧盟国家明确能源转型的宏观指导总体目标和政策方位。由于气候变化问题日益受到国际关注,欧盟的气候政策目标也逐步明晰。2019年,欧盟国家明确提出《欧盟绿色协议》新的一揽子气候能源政策设想,首先明确提出2050年碳排放交易企业愿景及2030年将温室气体的排放比1990年减少50%—55%,以及其在产业链、高新科技、金融业、国际交流等方面贯彻落实的途径,成为欧盟国家一段时间能源转型的相关政策总纲。在全球疫情危害所带来的"电力能源荒"冲击性后,欧盟国家的能源政策也变得更加务实。2022年1月,欧盟委员会公布政策法规,将天然气和核技术项目投融资宣布列入"可持续性股权融资类型",这一措施曾因在欧盟国家内部结构异议比较大而一直没能落地,这一措施的明确提出被欧盟国家里的环保人士和政治力量指责为"让步"和"后退"。实际上,欧盟国家这些举措表明,欧盟能源转型已经走上更加求真务实的道路,对电力能源、金融业、基础设施建设等行业将造成深刻影响。

在俄乌冲突背景下,欧盟国家在短期内因为美国油气产业目前的生产能力、跨大西洋的运输成本,以及欧盟港口现有的吞吐能力均不足以支撑其大量采购美国能源,所以不得不暂时放弃在能源领域对俄实施全面制裁。也正因为如此,欧盟国家在未来会扩大能源供给渠道,实现能源供应的多元化,减少对俄罗斯能源的进口依赖。分析指出,俄乌冲突对能源需求产生的影响也许是短期的,而对能源市场产生的影响则是长远与长期性的。在此情况下,欧盟进行了一系列能源转型的制度建设,取得了初步的进展。

(一)欧盟制定能源转型行动方案

为了摆脱对俄罗斯的化石燃料依赖并加速绿色能源转型,欧盟委员会于2022年5月18日正式公布了"REpowerEU"能源转型行动方案,该方案计划在2030年前投资3000亿欧元,通过加快可再生能源产能部署、能源供应多样化、提高能效三大支柱措施实现欧盟能源独立和绿色转型。这个方案将提升欧盟对风电、光伏、绿氢等可再生能源的大规模需求,从短期看绝大部分产品仍依赖进口,这对中国企业是一个巨大机遇,但"绿色门槛"也提出了更高的要求。具体来看,该方案包括显著加快可再生能源产能部署、能源供应多样化、提高能效三大支柱措施,还包括改革融资渠道的相关建议,以期多管齐下来达到减少对俄罗斯能源依赖、加快转向绿色能源的目的。"REpowerEU"方案的关键在于加速清洁能源转型,在发电、工业、建筑和交通领域大规模扩大使用可再生能源。因此,欧盟委员会建议根据"Fit for 55"一揽子计划将2030年可再生能源的总体目标从40%提高到45%,这意味着欧盟可再生能源装机有望从目前的511 GW增加到2030年的1236 GW。

(二)欧盟将天然气纳入可持续金融制度范畴

欧盟应对能源安全问题的措施目前具有短期性。长期的方式最重要的还是两点:一是大力发展清洁能源;二是继续想办法提高能源的使用效率。两点结合才是真正解决欧盟能源问题和能源安全问题的关键。

《欧盟可持续金融分类目录》于2019年3月首次用来界定哪些经济活动属于"绿色",进而有资格获得欧盟资助,旨在促进绿色投资并防止"洗绿"。在俄乌冲突背景下,经历了激烈争论后,2022年7月6日,欧洲议会最终同意将核能和天然气纳入《欧盟可持续金融分类目录》,并将于2023年1月1日正式生效。新版分类目录引起了极大的争议,尽管目录的修订是出于能源安全的考虑,但有悖欧盟碳中和战略,被反对者称为史上最大"洗绿"行动。该决定受到天然气与核能行业的支持和部分国家的欢迎,例如波兰认为为某些天然气项目暂时提供绿色标签有助于其清洁供暖系统的投资。但其他利益相关方普遍表示该决定偏离了欧盟正在推进的"Fit for 55"和"RePowerEU"计划低碳转型的总体方向,特别是分类目录对天然气投资释放出支持信号,将会造成更多的碳锁定。

(三)欧盟出台一系列绿色新政能源指令

2021年7月,欧盟提出"Fit for 55"一揽子计划,其中提升可再生能源占比的法案是一个重要的组成部分。可再生能源指令助力欧盟建立以可再生能源为基础、有弹性和有竞争力的循环经济。俄乌冲突后这一新法案继续推进。2023年3月欧盟颁布《欧盟可再生能源指令》《欧盟能源效率指令》以及《欧盟能源税收指令》,在欧盟层面上为减少能源使用设定了一个更具约束力的年度目标。上述指令规定了住宅能源效率、智能电表、家庭能源管理、商业部门的能源审计、公共建筑改造、区域供暖和需求响应等内容,并要求2024年至2030年,所有成员国每年的节能义务达到1.5%(目前为0.8%),公共部门每年节能达到1.7%,每年至少翻新各级公共行政部门拥有的建筑物总建筑面积的3%;同时,到2030年,初级能源消费和最终能源消费效率应分别提升36%和39%。能源产品税收制度必须通过设置适当的激励措施来维护和完善单一市场,支持绿色转型。与此同时,《欧盟能源税收指令》的修订提议将能源产品的税收与欧盟的能源和气候政策保持一致,推广清洁技术,取消目前鼓励使用化石燃料的过时豁免和降低税率。新规则旨在减少能源税竞争的有害影响,帮助成员国从绿色税中获得收入,绿色税对经济增长的不利程度低于对劳动力的征税。

(四)欧盟推动电力市场改革达成协议

2023年2月,欧盟委员会于2023年3月中旬提出电力市场改革计划,改革的关键方向是减少电价受天然气等化石燃料价格短期波动的影响,并使电力市场适应以可再生能源为主的能源体系。改革侧重于向直接受到电费上涨影响的工业消费者提供长期合同,用长期工具来补充短期市场,以保护消费者免受价格波动的影响,并向可再生能源投资者发出可信的价格信号。为此,允许行业利用电力购买协议,以可预测的价格购买电力,同时政府在预先商定的合同价格与实际市场价格之间出现差距时给予更多补贴。

在欧盟,整体电价通常由天然气厂决定。目前,欧盟国家对电力市场改革要进行到什么程度仍存在分歧。法国、西班牙、希腊等希望深度改革,支持在市场上将天然气价格与电力价格脱钩,希望通过改革帮助各国与低碳发电厂签订更多的长期固定价格合同,从而使消费者以稳定的价格支付能源账单,并使该体系与欧盟向绿色能源转型在方向上保持一致。还有一些国家则担心,重大动荡可能会打击能源领域投资信心。2023年2月,丹麦、德国、荷兰、爱沙尼亚、芬兰、卢森堡和拉脱维亚等七个欧盟成员国联合致信欧盟委员会,要求延缓对欧盟电力市场规则的改革,只进行有限调整,并表示,欧盟现有的电力市场规则保证了多年来较低的电价,并扩大了可再生能源的使用,能够生产足够的电力来满足需求并避免供应短缺。据路透社报道,尽管对改革细节存在分歧,但随着各国不断寻求降低电力成本并帮助提高工业在全球市场上的竞争力,西班牙和荷兰等欧盟成员国都支持就即将到来的欧盟电力市场改革快速达成协议。

三、欧盟能源转型制度建设对我国的启示

一方面,受俄乌冲突爆发、欧盟部分地区能源价格抬升及欧盟能源独立政策陆续落地的影响,欧盟光伏、风电装机需求较高,从而拉动中国光伏、风机产品出口。而在"REPowerEU"计划落地、欧盟四成员国承诺2050年海上风电装机增加10倍后,欧盟地区可再生能源建设将全面提速,这将给国内外可再生能源企业带来绝佳的发展机遇。另一方面,欧盟能源转型的制度建设值得我们关注,可以对我国能源法律制度完善提供借鉴和启示。

(一)内外统筹改进能源安全保障制度

能源是关系国计民生的重要领域,在保障和促进我国经济社会发展的过程中发挥着重要作用。我国相关能源法律制度确立了国家能源安全战略、能源规划、能源资源安全评估,煤炭石油天然气等国家能源储备,石油进出口管理等方面的规定。但我国仍然缺乏能源的基本法律。能源问题关系国家安全、经济发展、生态环境保护,我国目前尚未制定出台能源领域的基础性法律,有关单行法无法解决国家能源安全的法律保障不充分、能源利用与环境保护有效协调滞后、能源综合监管措施缺乏等深层次问题。我国应当以能源法制定为契机,在能源基本法制定中借鉴欧盟经验,确立保障国家能源安全的基本原则和制度。并在制定能源基本法的基础上制定关于能源安全保障的指导性文件,实现制度价值向治理效率的转变。可以将能源安全保障制度的完善以完成年度计划的方式来落实,辅之以各省能源安全保障的具体指标及做法。同时明确保障目标,从中长期层面建立完善能源安全保障制度。

与此同时，我国应该吸取欧盟的教训，加强多元国际能源合作，并完善国际能源合作协议。我国能源对外依赖程度较高，输入国的国内形势会直接影响我国的能源安全。因此，我国可以利用已有的国际合作平台拓展合作模式。"一带一路"是我国对外开展合作的名片，我国应该以此为平台基础探索能源合作的新模式，以共建"一带一路"为引领，以企业为主体有序开展合作。在当前形势下，我国应统筹谋划与"一带一路"沿线大国的能源合作，确保我国能源输入稳定。同时，我国可通过对已有的能源进口渠道进行维护以及升级，如中俄天然气管道以及原油管道升级等，来应对日新月异的国际形势。同时，在国际能源转型的重要时刻，我国应推动能源技术的创新合作，推进符合碳中和背景下的能源合作项目。同时在能源合作中注重供应链的安全性，通过国际能源合作协议从外部保障我国的能源安全。

（二）完善电力市场的市场化规则

可再生能源革命提供了充分利用国内可再生资源的机会，可以在一定程度上减少我国对进口能源的依赖。的确，后化石燃料时代的经济发展不仅重新定义了国内能源系统，从更广泛的意义上说还重新定义了国家对外关系和地缘政治环境。然而，随着可再生能源发电量的增加，其在能源结构中的比重增大，电网管理需要提高灵活性以应对波动的可再生能源发电量。中国目前的电力市场制度设计限制了可再生能源的大规模部署。国家应调度管理供应和需求量，并以标准价格向行业提供供电服务。这些条件更有利于那些提供可预测容量的基荷发电技术，而不是更不稳定的可再生能源发电。一些辅助市场提供了灵活性，由电力公司付费来提供可用的爬坡容量，以满足需求。随着可再生能源发电量的增加，需要更大的灵活性来平衡供需。

中国目前正在试点八个允许基于市场调度的现货电力交易市场。但是市场化改革对我国也有一些不利之处。具体而言，价格自由化消除了政府传统上用来实现特定经济和社会目标的某些杠杆。然而，市场化改革所带来的收益预计将超过这些不利因素。欧盟的经验为我国改革提供了借鉴。欧盟的电力市场是自由化的，大多数国家提供长期容量市场、日前市场和日内平衡市场,以根据价格信号管理供需。此外,欧盟通过积极促进成员国国家电网之间互联互通的政策,不断加深市场化交易的深度。对照我国,我国的电力市场需要达到两个目标,一个是通过价格自由化发展基于市场的电力调度,另一个是通过跨区电力交易整合区域电力市场,提高市场流动性。将可再生资源纳入能源结构,通过减少国家对化石燃料进口的风险敞口,可以显著提高能源安全保障水平。然而,这些目标都需要进行颠覆性的市场改革。我国在电力市场改革中可以借鉴欧盟经验,向以市场化为目标的电力市场过渡,完善电力市场的市场化改革相关制度。

(三)完善能源采购合同的价格弹性制度

天然气进口合同的设计体现了供应安全与成本之间的平衡。在这方面,近期形势表明,基于现货市场的自由化设计相对于长期合约主导的市场具有潜在波动性。如何找到平衡点是各方的共同关注点。欧盟市场主要采用分散和自由化市场的方式,由现货和期货市场的市场竞争决定价格。因此,近年来,当批发价格较低时,欧盟消费者从中受益,成为全球供应过剩的摇摆市场。然而,当现货价格处于高位时,其风险敞口会产生相应的负面结果,因此欧盟更容易受到价格冲击。

由于我国能源企业的涉俄交易较多,欧美对俄的制裁会直接或间接影响涉俄合同义务的履行。为此,我国企业可通过调整合同条款以规避风险,降低损失。首先,针对现有合同条款,我国企业可对相关条款进行调整与修改。如不可抗力、违约事件等条款,中企可以增加有关制裁事件的内容。当俄方因制裁情形发生变化,如制裁范围扩大、制裁进一步深化等情况影响到合同的履行,中企的权利义务也将受到影响。其次,对于还未签订的合同。中企可在合同中要求交易各方承诺其自身并未受到任何国际组织或国家实体的制裁。各方可承诺合同不会受到制裁形势的影响,违反承诺的应当按合同约定受到处罚。最后,除合同的履行外,在当前形势下各方应全面考虑涉密条款,保证合同中有关我国企业的敏感信息和保密事项不会被公布。

相比之下,中国对长期合同的偏好使中国消费者比欧盟消费者更不易受价格冲击的影响。例如,截至2018年,中国约80%的合同为长期合同。马德里等欧盟城市正在呼吁欧盟改变当前的采购模式,这对中欧双方来说可谓是一个宝贵的知识共享机会,使双方能够审查和讨论其不同模式和视角所带来的影响。一些替代方案,比如采用采购数量固定但价格灵活的合同等,可以为两种市场设计提供"第三种思路"。

(四)构建能源转型的技术创新制度

全球进入了碳中和博弈时期,保护政策、能源政策、技术政策和产业政策之间的相互联系变得更加密切,能源地缘政治发生了显著变化,从传统的能源地缘格局,转变成了以可再生能源为主的地缘格局,其中还包括了对新能源关键元素的控制权。高石油价格将加快我国向"零碳"社会转变的速度,这将对国家"双碳"目标的实现起到积极作用。降低对原油的依赖程度,提升清洁能源使用占比一直以来都是我国追求的能源战略之一,尤其是近几年,随着"双碳"目标的实施和环保能耗压力的增大,能源化工行业转型升级已经迫在眉睫,而外部地缘政治推高油价,很有可能倒逼国内产业升级步伐,长痛不如短痛,促使国内企业向着清洁、高效、低耗的方向发展进步。我国能源产业已从依靠石油资源开采转向以技术创新为主导,预示着未来能源技术领域的破坏性竞争将更加激烈。世界各地的能源大国都在以破坏性科技为目标,进行着新一轮的地缘政治竞争。在这种情况下,欧盟在能源和气候政策上进行了更大程度的调整,并推动解决能源转型进程中所面临的问题,从科技创新、融资、价格、财税等方面推出相应的激励和约束制度。我国应当借鉴欧盟能源转型制度经验,推动新能源产业的发展,加大新能源技术创新的力度,制定相应的激励法律制度,推动我国能源产业实现绿色、低碳的发展。

四、结语

当前，俄乌两国之间的矛盾仍在继续，并将进一步加剧全球能源市场的动荡。各个国家都在寻求解决能源问题的办法。由于历史与现实的原因，这次能源危机对欧盟的冲击最大，欧盟的能源转型也受到了一定的阻碍。受国内资源匮乏和国外霸权主义干预的双重影响，欧盟进行了一系列新能源改革举措。在欧盟委员会的推动下，欧盟相继出台了行动计划和绿色新政能源指令，推动了新能源改革，其中在电力、油气等方面采取的措施是值得我们借鉴参考的。世界能源格局正在发生着巨大的改变，在此基础上，我国应当结合欧盟经验，加强对国家能源安全的保护，完善电力市场制度等方面的内容，推进国家能源转型的相关制度建设，为实现我国的"双碳"目标做出贡献。

参考文献

[1]吴磊,詹红兵.国际能源转型与中国能源革命[J].云南大学学报(社会科学版),2018,17(03):116-127.

[2]高慧,杨艳,刘雨虹等.世界能源转型趋势与主要国家转型实践[J].石油科技论坛,2020,39(03):75-87.

[3]李强.欧盟出台"绿色协议产业计划"[N].人民日报,2023-02-07(17).

[4]纪璐.中俄能源合作中存在的问题分析[J].经济研究导刊,2022(10):142-144.

[5]晗昱.俄乌冲突对能源市场的冲击与影响[J].能源,2022(03):51-55.

[6]王超,孙福全,许晔,等.乌克兰危机下的全球能源格局变化及能源科技发展新特点[J].中国科学院院刊,2023,38(06):875-886.

[7]修勤绪.《德国2050年能源效率战略》对我国的启示[J].上海节能,2023(05):566-570.

[8]程红泽.俄罗斯能源新战略与中俄低碳能源合作[J].西伯利亚研究,2022,49(02):15-24+120.

[9]郑漳华,倪宇凡,冯利民,等.欧洲能源发展趋势分析及其对能源碳中和的启示[J].电器与能效管理技术,2021(10):1-6.

[10]Eurostat. Imports of natural gas by partner country[EB/OL].[2023-01-20]. https://ec.europa.eu/eurostat/web/products-datasets/-/nrg_ti_gas.

[11]蔡建春,刘俏,张峥,等.中国REITs市场建设[M].北京:中信出版社,2020.

[12]Eurostat. Imports of natural gas by partner country[EB/OL].[2023-01-20]. https://ec.europa.eu/eurostat/web/products-datasets/-/nrg_ti_gas.

[13]ROSIE FROST. EU solar power soars by almost 50% in 2022: Which country installed the most?[EB/OL].(2022-12-20). https://www.euronews.com/green/.

[14]European Commission. Save gas for a safe winter[R].(2022-07-20):1-17.https://www.euronews.com/green/2022/12/20/eusolar-power-soars-by-almost-50-in-2022-which-countryinstalled-the-most.

[15]汪制邦.欧洲碳价创历史新高对我国能源转型发展的启示[J].中国价格监管与反垄断,2023(04):63-64.

[16]朱昌海,李文翎.地缘冲突让欧洲能源供应蒙上阴影[J].中国石油企业,2022(03):50-51+111.

[17]王海滨.俄乌冲突对世界和中国能源安全的影响[J].云梦学刊,2022,43(04):20-28.

[18]崔宏伟.俄乌冲突下欧盟深陷能源供应危机[J].当代世界,2022(04):73-74.

[19]IEA. Renewables 2022[R/OL].[2022-12-01].https://www.iea.org/reports/renewables-2022.

[20]李晓依,许英明,肖新艳.俄乌冲突背景下国际石油贸易格局演变趋势及中国应对[J].国际经济合作,2022(03):10-18.

[21]王佩,任娜,蔡艺,等.高油价下全球石油市场新特点和石油贸易新趋势[J].国际石油经济,2022,30(06):35-44.

[22]EuropeanCommission,"Save Gas fora Safe Winter: Commission Proposes Gas Demand Reduction Planto Prepare EU for Supply Cuts",[2022-07-20], https://ec.europa.eu/commission/presscorner/detail/en/IP_22_4608.

[23]李天娇.欧洲绿色政策推进面临争议[J].中国电力企业管理,2023(13):94-95.

[24]吴德垫.俄乌冲突对国际能源格局的影响和启示[J].中国能源,2022,44(03):14-18.

[25]姚美娇.能源高质量发展应实现"可能三角"[N].中国能源报,2022-01-17(04).

[26]胡子南,冯昭威,李畅.欧盟绿色金融:特点、挑战及启示[J].国际经济合作,2023(02):82-89+93.

[27]樊围国,尧威.欧盟正式设立"欧洲氢能银行"[J].生态经济,2023,39(05):1-4.

[28]于宏源.风险叠加背景下的美国绿色供应链战略与中国应对.社会科学,2022(07):123-132.

[29]卢延国.有序推进全国统一能源市场建设[N].学习时报,2022-08-03(A2).

[30]贾承造,庞雄奇,姜福杰.中国油气资源研究现状与发展方向[J].石油科学通报,2016,1(01):2-23.

[31]陈由旺,吴浩,朱英如,等."双碳"背景下油气田节能技术发展与展望[J].油气与新能源,2021,33(06):6-9+26.

[32]孙仁金,胡启迪,荆璐瑶,等.石油石化行业助力中国实现"双碳"目标实施建议[J].油气与新能源,2022,34(03):19-23.

[33]刘泽洪,阎志鹏,侯宇.俄乌冲突对世界能源发展的影响与启示[J].全球能源互联网,2022,5(04):309-317.

14 中国新能源汽车在德国市场的挑战和对策

冯颖懿[1]

摘　要： 本文旨在分析经济全球化背景下中国新能源汽车企业，在开拓德国市场的过程中遇到的问题并给出相应的对策。中国是经济全球化的倡导者和推动者，国产新能源汽车在"走出去"的过程中取得了显著业绩，也面临着挑战。中国新能源汽车企业在开拓德国市场的过程中面临品牌影响力较低、法规和认证要求高、消费习惯差异大、市场竞争激烈、贸易保护主义、销售和服务网络欠缺以及充电基础设施不足等问题。国产新能源汽车企业需通过市场营销、技术研发和政策协同，实现从"走出去"到"走进去"。

关键词： 中国电动汽车，贸易保护，发展对策

习近平主席于2013年在哈萨克斯坦和印度尼西亚提出建设"丝绸之路经济带"与"21世纪海上丝绸之路"的倡议。十年来，中国促进"一带一路"建设，主张全球性的政治互信、经济融合、文化包容，倡导世界各国携起手来构建人类的利益、命运和责任共同体。本文在分析经济全球化背景下，德国经济和中德新能源汽车发展现状的基础上，厘清中国新能源汽车在进入德国市场过程中遇到的问题并给出对策。

---

[1] 冯颖懿，四川外国语大学德国研究中心、德语学院讲师，主要从事德国政治文化传播研究。本文系第二轮重庆市一流学科外国语言文学2023年科研重点项目"视觉传播策略下欧洲右翼民粹政党反全球化思潮研究"（项目号：SISUWYJY202306）；四川外国语大学2023年度规划重点项目"德国右翼民粹政党在选举中的宣传策略"（项目号：sisu202302）的阶段性成果。

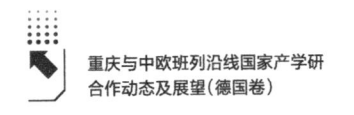

一、中德经贸合作发展符合中德共同利益

经济全球化给德国社会带来了矛盾和经济繁荣。德国政治学家弗兰克·德克尔(Frank Decker)解析了20世纪80年代兴起的全球化给德国社会带来的矛盾。在经济领域,资本、服务和货物的跨境流动性增强,在全球市场上,各国政府通过降低税收和工资来增强本国市场对资本的吸引力,许多企业因此搬迁到劳动力成本较低的国家。在此背景下,跨国企业的利润增长,国民生产总值提高,但越来越多的劳动者失业或收入减少,导致社会贫富差距不断扩大(Decker, 2004; 2006)。在文化领域,传统文化和习俗对人们生活的影响减弱,社会文化朝着多元化和个性化的方向发展。许多人将社会文化的多元化视为本土文化的丧失(Decker, 2006; Kriesi et al., 2008)。在政治领域,国家边界和经贸市场的日益开放,增加了政治决策的复杂性,公民和政党之间的信任危机加剧(Decker, 2004; Loch & Heitmeyer, 2001)。全球化进程中的德国社会沿着受教育水平、收入和职业差异"分裂"开来。受教育程度较低、收入较低的非技术工人和产业工人受到经济一体化的负面影响,对国际化经贸合作往往持怀疑态度,是贸易保护和贸易壁垒政策的主要支持群体。而绝大多数受过正规高等教育的从业者、合格的技术工人以及跨国企业主则持相反的立场(Decker, 2004)。

然而,德国整体经济繁荣主要得益于经济全球化,特别是中德经济合作的加深,进一步强化了德国在全球市场中的地位。德国是全球最大的出口国之一,德国的GDP从1991年的约1.9万亿美元增长到2023年的约4.5万亿美元。从2016年到2019年,德国连续四年蝉联全球最大贸易顺差国,2023年德国的出口额达到约1.5万亿欧元,约占其GDP的50%。德国的主要出口产品是汽车、机械设备和化工产品,这些产品在全球市场中占据竞争优势。经济全球化使德国企业能够进入国际市场,从而带动了国内生产和就业。在这个过程中,中德经济合作成果尤其显著,2023年德国和中国的双边贸易额为2531亿欧元,中国连续八年成为德国最重要的贸易伙伴。过去数十年,在德国最重要进口来源地排名中,中国从1980年位列第35位,上升至1990年的第14位,且2015年以来中国一直是德国进口产品最多的国家。此外,经济全球化带来的资本流动促进了德国经济的繁荣,截至2023年底,德国累计吸引了超过1.2万亿欧元的外国直接投资。近年来,中国对德国的直接投资显著增加,特别是在汽车、电动汽车、电池生产和高科技产业领域,推动了德国技术创新和经济可持续发展。

综上所述,经济全球化给德国经济带来了深远的影响,一方面经济全球化在经济、文化和政治方面给德国社会带来了矛盾,另一方面德国社会财富的积累源于经济全球化。虽然德国国内依然能听到贸易保护主义的声音,但推动中德经济合作始终符合中德共同利益。

二、中德新能源汽车企业合作双赢

中国新能源汽车在德国市场崭露头角。截至2023年底,中国新能源汽车产销量分别超过958.7万辆和949.5万辆,连续多年稳居全球第一,中国有望成为全球第一大新能源汽车出口国。中国的电动汽车制造商比亚迪(BYD)、长安(CCAG)、蔚来(NIO)的汽车远销海外,成为国际市场上的重要力量。2023年,来自中国的电动汽车品牌如比亚迪(BYD)、蔚来(NIO)和小鹏(XPeng)在德国市场取得了显著的销售业绩。这些品牌通过价格、续航里程和技术创新方面的优势,逐渐赢得了不少德国消费者的认可。中国新能源汽车企业在技术方面不断进步,例如比亚迪的刀片电池技术和蔚来的换电技术在德国市场引起了广泛关注。此外,中国新能源企业在德国进行了大量投资和合作,例如比亚迪在德国设立了研发中心,计划在德国建立生产基地;比亚迪与壳牌签署全球战略合作协议,以提升比亚迪欧洲用户的充电体验;蔚来在德国的体验中心(NIO House)和换电站(Battery Swap Station)为消费者提供了更多选择和便利;宁德时代(CATL)在德国图林根州建立了一

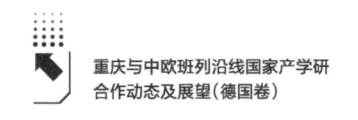

个大型电池工厂，生产新能源汽车所需的电池。这不仅推动了当地经济的发展，也增强了德国在电动汽车领域的竞争力。

德国车企在新能源汽车和可再生能源领域积极拓展中国市场。宝马（BMW）、大众（Volkswagen）和戴姆勒（Daimler）等德国汽车制造商在中国推出了一系列新能源汽车产品，在中国的新能源汽车销售成为其全球市场的重要组成部分。德国车企在中国建立了多个合资企业和合作项目，如2022年6月，投资150亿元人民币的华晨宝马里达工厂在沈阳开业，这是宝马集团在全球的第一座以生产新能源车为目标而设计的工厂。2024年4月，大众集团宣布将投资25亿欧元，拓展位于合肥的生产及创新中心，以强化研发实力。2024年4月，宝马集团再次宣布增资200亿元人民币，用于华晨宝马大东工厂的大规模升级和技术创新。知名德国车企不断"加仓"中国新能源汽车的背后，是德国车企对中国新能源汽车产业和市场潜力的信心。此外，中国政府对新能源汽车的政策支持为德国企业在中国的发展提供了有利条件。中国的新能源政策、购车补贴和基础设施建设激励了德国企业加大在中国的投资力度，推动其在中国市场快速发展。

综上，中国新能源汽车企业在电池技术等方面不断创新，积极拓展德国市场，通过对德投资与合作加强全球布局和市场竞争力。中德企业在电池研发等方面建立了合作伙伴关系，德国新能源企业与中国企业的合作实现了双赢，一方面德国企业借助中国庞大的市场和政策支持，实现了业务的扩展和技术的提升，另一方面中国企业通过与德国企业的合作，提升了自身的技术水平和市场竞争力。

三、中国新能源车企在拓展德国市场过程中的挑战

目前，国产车在海外依然处在开拓市场的初级阶段，在德国的实际市场占有量仍有较大上升空间，中国新能源汽车企业在拓展德国市场的过程中面临以下问题：

第一，国产新能源汽车品牌价值较低。欧盟决定2035年正式禁售燃油车，在新能源汽车取代传统油车的大背景之下，德系"三强"BBA（宝马、奔驰、奥迪）也在加紧部署研发新能源汽车。德国汽车品牌在全球市场具有很高的知名度和品牌影响力，其推出的新能源汽车产品更容易被消费者接受和认可，因此中国汽车品牌正面临品牌影响力弱的问题。国产品牌如何获得与其不断增长的"体量"相对应的"声量"，赢得德国市场乃至全球市场的青睐，是一个不容小视的问题。

第二，中国车企需要适应德国严格的法规和认证要求，以及中德民众在消费习惯上的差异。中国新能源车企必须确保其产品符合德国及欧盟的安全、环保和技术标准，这些认证过程复杂且耗时，可能会延迟产品的上市时间。此外，不同的法规和认证标准也增加了生产和研发成本。同时，中德两国在文化和消费习惯上存在差异，适应德国消费者的需求和偏好增加了中国电动车赢得德国市场的成本，例如，德国消费者可能更关注车辆的安全性能、驾驶体验和品牌历史，而不仅仅是价格和技术配置。

第三，德国市场竞争激烈，国产新能源汽车优势难存。德国汽车制造商在发动机、变速器和底盘等关键部件上拥有领先的技术和制造工艺，这些技术在新能源汽车领域同样具有重要价值，可以成为德国汽车争取市场份额的优势。另外，目前全球芯片短缺也影响了德国和中国新能源汽车的生产和交付。但在欧洲芯片法案出台的背景下，德国汽车制造商的芯片问题有望得到改善。目前国产新能源汽车的优势主要在于较低的生产成本，且较早的布局带来了几乎全产业链的竞争优势。但在出口和物流成本提高的情况下，国产新能源汽车面临新的压力。

第四，国产新能源车企遭遇保护主义。欧盟是全球第二大新能源汽车消费市场，为保证其欧洲汽车行业的领先地位，欧盟制定了各种门槛来弥补其在产品成本上的短板，以使其在新能源汽车市场争夺战中取得主导权，例如，欧盟制定了2025年新能源汽车电池自给自足的战略，新电池法规通过对碳足迹的门槛设定和回收利用等方面的约束条件，促成更多电池产业在欧洲布局，使欧盟摆脱对进口电池的依赖。此外，欧洲已意识到中国的新能源汽车将对欧洲本土的电动汽车发展造成巨大冲击,并开始采取反制行动。欧盟委员会在对中国新能源汽车企业展开调查后,已于2024年7月决定对中国新能源汽车征收临时反补贴税,这将进一步增加中国车企的经营成本。

第五,销售和服务网络欠缺,充电基础设施不足。中国新能源车企在德国缺少销售点和服务中心,这限制了消费者的购买、使用体验和中国新能源车企的市场拓展。销售和服务网络的建立需要大量的投资和时间,并可能面临物流、成本和质量控制等方面的挑战。此外,尽管德国在新能源汽车充电基础设施方面有所发展,但仍然存在一定的不足,如何在德国推动充电网络的建设,是中国电动车当前面临的难题。

第六,锂资源竞争加剧,德国企业赚取差价。对于新能源汽车来说,动力电池成本是整车成本最大的一部分,约占整车成本的40—50%。全球动力电池企业都在同步扩产,对锂电池所必要的锂资源的需求大幅提升。而锂矿分布区域高度集中,中国储量排名第四,占全球储量的5.88%。欧盟委员会主席冯德莱恩表示欧盟的锂产品97%来自中国,指出欧洲对中国原料的高度依赖。此外,中国锂产业面临着开采难度大、提锂分离技术尚未完全成熟、资源浪费和生态环境遭严重破坏等现实问题。同时我国出口的稀土基本为廉价的初级产品,德国企业在购买稀土原料之后进行深加工再出口到发展中国家,在其中赚取了巨额利润。

第七,全球供应链和物流的不稳定因素。中国企业将车辆从中国运输到德国,物流成本高且时间较长,在这期间地缘政治的紧张局势或贸易政策的变化,都对中国车企的生产和交付构成风险。同时,欧洲消费者和监管机构可能对中国新能源汽车供应链的透明度和可追溯性提出高要求,中国新能源车企需要确保其供应链的每一个环节都符合环保和社会责任标准,这增加了管理难度和成本。

四、中国新能源车企的策略

中国新能源车企在拓展德国市场的过程中面临市场认知和品牌认可度、法规和认证、文化差异、竞争激烈、贸易保护主义、销售和服务网络、充电基础设施等多方面的挑战。要在德国市场取得成功,中国车企需要综合应对这些问题,制定合适的战略和措施,以下几条建议可作参考:

第一,扩大自身品牌影响力,树立"中国制造"品牌形象。加大广告投入力度,通过电视、网络和社交媒体等多渠道开展品牌宣传,提升品牌知名度。参与和赞助德国本地的重要汽车展览会、体育赛事等,积极参加法兰克福国际车展(IAA)等重要汽车展会,展示最新的新能源汽车技术和产品,增加品牌曝光度。在德国设立品牌体验中心,让消费者可以亲身体验中国新能源汽车的性能和技术。此外可以积极参与环保和社会公益活动,提升企业的社会责任形象,赢得德国消费者的认可和支持。

第二,适应德国法规和消费习惯。在德国设立专门的法规和认证团队,确保所有车辆都符合欧盟的安全和环保标准,特别是要通过欧洲新车评估计划(NCAP)碰撞测试和获得欧盟整车型式认证(WVTA),与当地认证机构和技术顾问合作,加快认证进程,减少时间和成本。对市场目标客户在政治、经济、文化等方面的诉求进行调查和评估,以满足客户群体的诉求为导向,针对市场需求进行产品改进。在设计和配置上,结合德国消费者的使用习惯和审美标准,提供从经济型到高端型的多样化新能源汽车产品,满足不同消费者的需求。

第三,持续加强技术创新。不断进行技术创新,提升新能源汽车的续航能力、充电速度和智能化水平。在德国设立研发中心,专注于前沿技术的开发和应用,同时可以与德国科研机构和大学合作,进行技术研发和创新,提升产品的技术含量和市场适应性。通过智能技术,优化本地供应链,降低物流和生产成本,通过扩大生产规模和销售网络,降低单车生产成本,提升市场竞争力。

第四,以开放的姿态应对贸易保护,提高企业竞争力。遵守法规,严格遵守欧盟的各项法规,确保产品符合环保和回收利用等方面的标准。增加企业运营的透明度,与欧盟和德国政府保持良好沟通,减少政策风险。加入当地的行业协会,通过集体力量与欧盟政府进行谈判,争取公平的市场环境。与欧盟和德国政府进行积极沟通,争取政策支持和合作机会。此外,中国新能源汽车企业应在电池等相关领域争做设定标准的龙头企业,争取推动中欧在政策、标准、法规制定方面的协同发展,共同探索基于减少碳排放目标的新型汽车产业管理以及政策体系。

第五,通过投资和合作建立销售和服务网络。在德国主要城市设立销售和服务分支机构,确保售后服务的及时性和覆盖面。与德国本地的经销商和服务提供商合作,利用其现有的网络和资源,快速建立销售和服务网络。与德国政府和企业合作,推动充电基础设施的建设,确保新能源汽车用户的充电便利性。建立完善的售后服务体系,包括维修、保养和配件供应,提升消费者的购买信心。

第六,提高锂资源利用率。提升锂矿开采和提取技术,减少资源浪费和环境破坏。加强锂电池和稀土原料的深加工能力,提高产品附加值。与德国企业合作,共同开发和生产高附加值的电池和材料产品,增强国际竞争力。此外,在锂等新能源产业战略资源有限的背景下,中国新能源车企业需通过发展替代技术,促成一个可持续发展的矿产资源使用和治理格局。

第七,利用智能技术优化对供应链的监控。利用区块链等先进技术,提升供应链的透明度和可追溯性。确保每一个环节的操作记录透明且可查,从原材料采购到生产再到交付,全程跟踪并记录。引入智能物流系统,优化运输路线和库存管理机制。通过大数据分析和物联网技术,实现物流全过程的智能化监控和管理,提高物流效率,降低运输成本。

中德在新能源汽车领域的合作,不仅是两国汽车产业发展的需要,也是全球绿色经济转型的重要驱动力。中国新能源汽车企业应该在经济全球化过程中,把握新风向和新契机,继续拓展在德国的发展空间。期待中德新能源汽车产业通过技术合作和市场互补实现互利共赢,推动全球新能源汽车产业的持续发展,让中德经贸"合作巨轮"在逆风中破浪前进。

参考文献

[1] Frank Decker. Der neue Rechtspopulismus [M]. Wiesbaden, Springer Fachmedien, 2004.

[2] Frank Decker. Die populistische Herausforderung: Theoretische und ländervergleichende Perspektiven [C]. In Frank Decker. (Ed.), Populismus: Gefahr für die Demokratie oder nützliches korrektiv? pp: 9-32. Wiesbaden, Verlag für Sozialwissenschaft, 2006.

[3] Hanspeter Kriesi, Edgar Grande, Romain Lachat, Martin Dolezal, Simon Bornschier, Timotheos Frey. West European politics in the age of globalization [M]. Cambridge u.a., Cambridge University Press, 2008.

[4] Dietmar Loch, Wilhelm Heitmeyer. Einleitung: Globalisierung und autoritäre Entwicklungen [C]. In Dietmar Loch, Wilhelm Heitmeyer. (Eds.), Schattenseiten der Globalisierung: Rechtsradikalismus, Rechtspopulismus und separatistischer Regionalismus in westlichen Demokratien. pp: 11-37. Frankfurt am Main, Suhrkamp, 2001.

[5] Dietmar Loch, Wilhelm Heitmeyer. Einleitung: Globalisierung und autoritäre Entwicklungen [C]. In Dietmar Loch, Wilhelm Heitmeyer. (Eds.), Schattenseiten der Globalisierung: Rechtsradikalismus, Rechtspopulismus und separatistischer Regionalismus in westlichen Demokratien. pp: 11-37. Frankfurt am Main, Suhrkamp, 2001.